U0944133

宿命

孤独张艺谋

周晓枫／著

长江出版传媒
长江文艺出版社

摄影 _ 白小妍

『隐忍_张艺谋』

超常的优点和惊人的弱点，极端地汇聚在张艺谋这一个体上。

他属于那种超级忍耐的性格。

当年与巩俐的情殇，他打死也不说；后来与张伟平的分裂，他同样打死也不说。薄冰履过、烈火煅过，舆论的拷问从来就没停止过，可他不说、不说、就不说！

别人踩了他的脚，他不吭声；踩出了血，他不吭声；都踩成残疾了，他才找个机会一声不吭地拄着拐走开，找个地儿自己疗伤去了。

张艺谋一方面是个话痨，他能连续十几个小时地说，长年如此；另一方面，对私人领域的事情，他的沉默同样到了匪夷所思的程度。

摄影 _ 白小妍

『分手，两败俱伤 _ 巩俐』

巩俐身上既柔肠百转，又有凛冽、决绝的一面。她竟然在《满城尽带黄金甲》里，把“整个拍摄和宣传过程中拒与张伟平夫妇见面”签到合同里。

张艺谋身上的弱点显而易见，张伟平夫妇率先发觉张艺谋与巩俐之间的轻微裂痕，但他们表面安慰，实则以劲曝揭发为主，在张艺谋面前捏造种种谎言：巩俐渐渐被说成早就心有别属，暗度陈仓，描述历历在目的场景，且宣称，都是亲眼所见。

张艺谋这人是个异数，内心剧痛，却没有问过巩俐一句，没有进行必要的交流——匪夷所思的是，直到这么多年之后的今天，他和巩俐都未交流过此事。

『所谓“兄弟”_张伟平』

从张艺谋认识陈婷，张伟平就是知情的。

2013 年 11 月，网上曝光过“张艺谋和陈婷同游太湖”的旧照，真正的拍摄地点并非太湖，而是澳洲——镜头对面的人，正是张伟平。事后，张伟平和陈婷同样背景甚至几乎是同样的姿势的照片也得以曝光，是为证明。

与张伟平合作长达 16 年，张艺谋逐渐感觉自己被工具化，受到“兄弟情”的绑架——观察二张合影，发现基本上都是张伟平搂住张艺谋的肩膀，很难发现张艺谋的主动性。张艺谋不习惯这种“秀恩爱”，但他配合。张艺谋信奉“买卖不成仁义在”，希望以自己的退让，换来和平分手。

1 | 2

图 1 张艺谋家族，左起叔叔、奶奶、姑姑、爷爷、父亲。
图 2 张艺谋父亲 60 岁。

『误读 _ 家族』

说张艺谋是“农民”，其实是以讹传讹，张艺谋可离“农民”太远了。张艺谋的爷爷当年是临潼大户，家宅比乔家院子还大。父亲那辈的哥儿仨，都是黄埔军校的国民党军官；张艺谋的母亲是皮肤科大夫，所以怎么溯源，张艺谋也实在不能说是“农民出身”。

『临终遗言 _ 父亲』

1997 年张艺谋父亲过世之前，最后一面见张艺谋，老人留下遗言：“与张伟平的合作，让我非常担忧，想起来就闭不上眼睛。从面相上看，张伟平不善，如果合作得不好，你们一旦分手，你肯定遭到报复。你根本不是张伟平的对手，对付不了他。”

摄影 _ 白小妍

『知己 _ 高仓健』

高仓健和张艺谋，这是两个古代范儿的侠客，一诺千金，去留无碍，他们对彼此的肯定、关爱、信任、惦念和激赏，都不擅言辞，只是无声践行。
张艺谋每次离开日本，临走之前一回头，总能看到高仓健从某个角落闪现出来，远远地朝自己鞠躬告别。语言不通，更使他们之间的交流具有一种沉默的庄严。

『戴口罩的爸爸 _ 张艺谋』

张艺谋适合当间谍，关于婷婷和孩子的事，他的行动和语言上都无着痕迹。不仅是我，工作室的人所知甚少。就连最为亲近的庞丽薇，长达十几年几乎是全面负责打理张艺谋各项事宜，也没想到，张艺谋藏住这么大一张底牌。

图1 网上首次曝出陈婷抱着三个孩子的照片——这是当年陈婷和孩子拍摄一组秋景照片之后，制作成小卡片，送给张伟平做纪念的。

1 | 2
3

『绝密 _ 陈婷和三个孩子』

张艺谋说："你还是知道为好，早晚都会知道，免得你到时候觉得自己上当受骗，觉得错看了人。"这是他第一次跟我说起他的秘密。

为了更为保密，我们的谈话地点，从会议室移至张艺谋独自的工作间。

我清晰地记得他的提醒："坐住了啊，这事儿听起来挺吓人的。"

张艺谋开门见山："除了末末，我还有三个孩子。"

『50 万薪酬 _ 奥运会』

张艺谋从 2000 年动意之初直到 2008 年 8 月 8 日，参与奥运会数年之久，夜以继日、殚精竭虑地工作，一共拿到 50 万的薪酬，而且事后不抱怨，即使被诬为国家蛀虫，张艺谋也不申辩、不叫屈。

张艺谋算是单枪匹马进驻奥运会导演组，工作室剩下维护运营的，只有三人：助理庞丽薇、司机小侯和我。

1	2
3	4

图 1 华辉苑小区门口的小路。
图 2 京瑞酒店咖啡厅一角，经过重新装修已看不出当初的简朴。
图 3 张艺谋现在的会议室。
图 4 拍摄电影用的打板。

『困境 _ 工作室』

我想象张艺谋拥有一个庞大而精良的制作团队，工作地点将位居金融要地，或者隐身公园某个花木扶疏的深处，办公区域辽阔，阳光穿过落地玻璃，照耀着那些衣装讲究的精英和办公桌上铃声此起彼伏的电话……

可现实却是，当时张艺谋连个正式的办公地点也没有。从 2006 年 10 月我第一次见到张艺谋，到 2008 年底我们搬入珠江帝景的两居室之前，我们的开会地点几乎都在东三环京瑞酒店的咖啡厅。

『戏狂_排戏』

讨论剧本时，张艺谋的脑子转得很快。我们七嘴八舌的议论，有时一个不经意的词，就会给他带来巨大启发。他策马扬鞭，绝尘而去，留下惊悸中没有反应过来的我们待在原地。只要给张艺谋一点点火药，他就能放一晚上礼花。

北京长江新世纪文化传媒有限公司
www.cjxinshiji.com
出品

目 录

有所知

终于违背誓言，还是写了这本书。

遥想2006年底，刚刚上任张艺谋的文学策划，我怕未来受到影视的名利诱惑渐离写作，立下个人的戒律：我要作为自己存在，保持独立性和个人判断，不做张艺谋的附庸；兴趣、能力和志向都在散文，我将尽量保持对文学的忠诚，我所写下的字，应该始终与内心有关，不看谁的眼锋和脸色行事。不想靠张艺谋的名字狐假虎威、招摇撞骗，我拒绝采访。因为我曾中过大连一家报纸的圈套，在明知我不同意采访的情况下，在聚会晚餐上，我毫无戒备，记者以“朋友”的身份潜伏下来聊天，然后他们用获取的情报伪装成报纸专访。这摧毁了我对媒体本来就存在的信任危机。我的一本笔记小说再版时，出版商准备在腰封位置标注我的电影策划身份，我激烈抗拒，强调必须摘除这条可恨的腰封。出版商屈服了，但耿耿于怀，不理解我几近矫情的不配合。

我愿做幕后始终的隐形者，既非高尚也非傲慢，是因为骨子里的害羞。我缺乏麦克风和聚光灯前的自信，也不具备静气和定力。就像免疫能力低下的人最好不要在传染病区转悠，我怕在奢华的娱乐圈沾染久了，不能再回到干净的从前。这种心态无关境界，只是虚弱。

多年来，张艺谋在风波里大起大落，忽而成为镀金的英雄，忽而成为灵魂堕落的代言人。当他被最隆重的赞美和最恶毒的诅咒围绕，成为传奇，成为笑柄或丑闻，成为众说纷纭的乱相……我没有发声。一方面，我自私地想维护生活的宁静，远离喧嚣，明哲保身；另一方面，是因为张艺谋作为电影导演，能够自证和自救的唯有作品，其他旁敲侧击的褒贬无济于事。

张艺谋本人，也不相信口舌之争、文字之辩能够带来所谓“公正”。他说，不要幻想依靠嘴皮子和笔杆子，就能澄清事实、明辨黑白——唯法律能代表象征性的对错，而舆论，永远是公说公的理，婆说婆的理，微弱的个体混响在一起，最后成为一团什么也听不清楚的喧嚣噪声。他认定自己没有盖棺论定的那天，非议将伴随他的死后。

马丁·路德·金说过：“我最大的痛苦，不在于敌人造谣，而在于我的朋友知道真相而保持沉默。”这并非张艺谋的心结，在某种程度上，他宿命，不是那种分庭抗礼的斗士，也不期待谁为他仗义执言。他将默默隐忍后果，长久以来，他一直委曲求全——结果呢？委屈，求不来那个全。我之所以想起马丁·路德·金的这句话，是因为偶尔，我对自己的沉默心生疑窦。也许，那沉默里面，冷漠和畏惧的成分大于清高，只是，清高位于表层——因为不愿看见下面遮盖的淤泥，我甚至让这清高像睡莲开花，以证自己出世般的洒脱。

无锡滨江区计生局向张艺谋夫妇寄发社会抚养费征收书：被罚7487854元，限30日内一次性缴纳。消息一出，自然又成巷议。翻看网上种种跟帖，我五味杂陈。感谢那些温暖的安慰，也感谢那些凶猛的谩骂——因为它们最终击穿我的自保防线，也给了我启动的勇气，我知道自己有一天或许会打破沉默。没有申请行政复议的张艺谋，在 30 天期限到来之前的最后一天，缴纳了巨额罚金。就是在这天，我动心写作这本书，写出我目睹却令他人难以置信的真相。

张艺谋，他身上融合如此剧烈的矛盾，对我来说，可以说他的形象既是最可敬，有时又是最可恨的。这个逆来顺受的人，有出色的才能优势，也有显著的性格缺陷；赢得过无比幸运的机遇，也坠入难以脱身的陷阱。他的沉浮，他的明亮与黑暗，他的得意与辛酸……在张艺谋身上所发生的悲剧、喜剧和闹剧，一切，不仅属于他的个案，也是我们生存这个时代的某种侧证。

苏珊·桑塔格在演讲中说："作家的首要任务不是发表意见，而是揭示真相……以及拒绝成为谎言与讹传的帮凶。文学是微妙与矛盾之所，而不是简单化的声音。作家的工作就是让人更不轻易相信那些精神掠夺者。作家的工作就是让我们看清世界的本相，充满着不同的诉求、不同的组成部分以及不同的经验。"

我没有理想作家那种客观又传神的本事，没有公共知识分子高瞻远瞩的眼界和指点迷津的能量。我只写自己所了解的情况，无法不夹杂看法，做不到零度叙事的冷静。也许所知情节有限，也许我的判断浅薄，没关系，谁能模仿全知的神明呢？我唯有尽量诚实，不回避，不夸张，不编造。我也欢迎由此产生的质疑和监督，告诉我彼岸的盲区，告诉我忽略了什么、误会了什么、夸饰了什么。这是因为，一旦写起来，我发现这本书不是为了张艺谋，而是我从业八年以来对自己的交代。谎言像模糊的路标，易于让人为其所误，但愿回忆，能使我找到一条认出自己往昔的道路而不迷失，回到出发时的信赖与真诚。

写作过程中，我有过犹豫和顾虑，以至中途放弃。仅仅动笔数日，我对这个选题失去了信心和冲动，认为是自己失策。直到 2014 年 6 月，长江文艺出版社的金丽红老师和黎波先生，就约稿一事对我进行了劝导、开导和倡导。这次会面对我来说，具有转折作用。据说，大约在 1997 年左右，金丽红和黎波两位曾经对张艺谋做过长达一周的详细采访，意欲出版一本传记类的作品。那时的采访地点是在育民中学的一间教室里，所谓的办公桌是一张乒乓球案子；其时张艺谋的肖姓助理住在厕所里，是用隔板划分出一块私人空间。金丽红和黎波在积累了十余盘录音资料后，功亏一篑。张艺谋变卦了，认为此举有树碑立传之嫌，他不想做这样一本澄清或标榜自己的书。半途而废，这也成了金老师和黎先生的一个遗憾。此后，两位老师的数次约谈，尤其金丽红老师令人崩溃的连续而有力的督促方式，怠惰如我，也遭到摧毁和重塑。我无以推脱，只好重拾旧题。

那么，开始吧。我手写我心。

周晓枫

2014 年 7 月 6 日

起　点

一

2006 年 10 月的一天，隐约记得是个周四，我在《十月》编辑部里看稿子。因为单位在北三环中路，下班以后，可以直接前往距离不远的中国电影资料馆——这是我个人的小节日。只要人在北京，周四我经常去那里观看学术片放映，就这样断断续续看了 10 年的电影。

阅读、旅行、美食，当然还有电影，都是我之所好。人生平淡，乏善可陈，这些爱好搭建一条捷径，有助我逃离寻常日子的捆绑，偶尔进入他者他乡。观众囚禁在黑暗里，一个斑斓无比的世界在前面的窗口展开——这就是电影。放映机转动，转动，金属热而微腥的气息……胶片上的速跑小人，跨过重重栅栏，每秒穿越 24 格。正因被阻挡之外无法纵身跃入，对于我们这些生活的囚犯来说，电影包含着比它本身更多的美好。电影的光线细到可以刺穿人物的灵魂，也可以呈现给我幻境的视觉极限……两个小时，我就拧紧体内的弦，钟一样开始走动，体验旋转中的轻微晕眩。

电影是我隐秘的乐事，我从未想过从事与之相关的工作——像终生的暗恋，牵挂足矣，无需与之缔结婚姻。

……那个秋日的上午，我正审稿，正在这时，十月文艺出版社的同事马力在门外向我招手，示意我出来一下。

马力是毕业于北京大学的文学硕士，平时交往不多，总感觉彼此之间格外信任，可以聊聊同事身份之外的话题。她把我拉到楼道，说想请我帮忙给某导演找个策划。条件是：具有文学鉴赏力和艺术判断水准，人脉通达，擅长交流，尤其必须能够胜任夜班，因为有时通宵的连续讨论可能达至天明。马力明显对信息有所隐瞒，她不说这位导演到底是谁，是个什么年龄、状态和水平的导演，不提他具体的作品和经历，所以她的话语多少有点吞吞吐吐。

也不是马力要故作神秘，是因为“用人单位”事先有保密要求。由于不了解详情，我难以推荐，到底是找见多识广的资深者，还是初出茅庐的文艺青年？我答应想想，从写作队伍里留意可能性。

两个小时以后的下午，马力又来了。她说上午的事并非敷衍，是受自己的大学同班卞智弘所托。卞智弘夫妇刚刚完成《满城尽带黄金甲》的编剧，刚才经过协商，他们觉得还是向我交底为好。当得知这位幕后神秘的导演就是张艺谋，我立即举荐《人民文学》杂志的李敬泽。敬泽是最为著名的批评家，交际甚广，眼毒，说话点穴——寡有能把理性评论写得感性的，而他的文字功力不仅能到感性的程度，还能抵达性感。关键是，他有一种气场，不大却格外犀利的眼睛抛过一个斜睨，颇具杀伐之气。料想张艺谋肯定是个大幺蛾子，一般人镇不住他，必须找个有能量杀他威风的主儿。

当然是我的一厢情愿，敬泽志不在此，后来我才得知此前他已婉拒了这份差事。很久以后的 2013 年，有次朋友聚会，敬泽姗姗来迟。其时，他已出任中国作协的领导主政文坛。我见到李敬泽衣着讲究，雪白的衬衫领子上方，是他脸上笑或不笑时略显嘲讽的表情。我联想起自己这么多年的策划生涯，似乎都是作为他蹩脚的顶替者在艰难中跋涉，不禁百感交集。我顿时恶从胆边生，击鼓骂曹。我知道自己是欲加之罪、何患无辞，敬泽始终逍遥物外，他谈笑间策划中国文坛去了，留下我这只安知鸿鹄之志的燕雀，熬过数个寒冬。

2006年的那个起点，我推荐李敬泽时没跟他本人商量，丝毫不知内情。下午，马力是这样反馈的："张艺谋从网上看了你的资料……要不然，你去试试？"

二

2006年10月19日，由卞智弘陪同，我在北京东三环的京瑞酒店咖啡厅等着与张艺谋见面。我对这个盛名之下的人抱有好奇心，对这次会面既兴奋，也有一点可以承受的紧张，准确的感觉应该是恍惚。

我原是推荐人，现在自己被面试似的坐在这里，多少有些滑稽。我容易给人留下伶牙俐齿的外在印象，其实我骨子里对交际抱有恐慌，无论开会还是吃饭，都属于那种溜边儿才能获得安全感的人——往好了说是低调，往通俗里说，狗肉上不了桌席。之所以想来试试，一是从我的写作出发，增加阅历没坏处；二是我刚刚贷款买了新房子，兼职电影可以让我尽快补上资金缺口，不必承担过重的经济压力。反正，我没什么损失。不成，我顶多见个名人；成了，我也无心恋战，挣点散碎银两我就撤。

尽管有心理准备，但当张艺谋出现的时候我没有任何预感，他踩着猫科动物的肉垫无声无息地到来，没有随从，没有凛凛生风的气势，没有造成任何额外的惊扰，张艺谋几乎是蒙太奇式地出现在对面。

后来，我才发现这种悄无声息并非偶然，张艺谋行事一贯低调。即使不戴帽子和墨镜，张艺谋有时竟能做到畅行无障。他在公共场合尤其不愿也不易引起注意，说话音量不高，有时邻桌坐了很长时间，才会发现他那张著名的脸就潜伏在旁边。张艺谋也属于能溜边就溜边、能躲镜头就躲镜头那种——长相独特并不妨碍他能当短暂的间谍。当然，最后总会暴露的，因为张艺谋样貌特殊而显著。

我曾感慨他风光背后的不自由，原来所谓成功，就意味着过一种每天见不得人的日子。每每被发现、被曝光、被搭话，接着就得点头、沟通、签字、合影，甚至要停下手里的事去礼貌接应，实在难得清静，我觉得非有超常的耐心无法应对。所以张艺谋的低调是天赋，也是不得已，出于必要的自我保护。

第一次见面时张艺谋说了什么，我记得不太清楚了。不过，事先说过和他会面时长将是 20 分钟，我们聊了两个小时。印象最深的，是张艺谋说起《我的父亲母亲》，讲了一些拍摄时的感受。也不知道我当时怎么想的，张艺谋正兴高采烈，我突然生硬地插嘴一句："我一点儿也不喜欢这部电影。"张艺谋没有任何停顿，极其连贯地接了下句："你不喜欢一点儿也不重要。"然后，没有尴尬，我们之间的谈话就像没有任何裂隙那样正常进行下去。

大约两个小时以后，张艺谋打电话给他的助理庞丽薇，让她过来一下。我感觉张艺谋工作室离京瑞酒店应该很近，因为不出 10 分钟，庞丽薇就到现场了。庞丽薇当年也就二十七八岁的样子，是个好看的姑娘，但我对她的第一印象却是纯朴。也许是因为那天衣服的样式和颜色，反正我没觉出什么白领丽人的职场风采，只觉得她有种天然的本分。张艺谋对庞丽薇说："好了，周晓枫以后就是我的文学策划，你们互相留一下电话吧。"

我得知自己的工作是主要负责阅读小说，寻找拍摄题材，以后还要增加阅读剧本，与导演和编剧交流意见、讨论情节等等。我问张艺谋："发现了好东西，我怎么通知你呢？"他说："我的手机平常不开，你发短信，我会收到的。"

三

就是在这第一天见面过程中，卞智弘先提起严歌苓的小说《金陵十三钗》。

我跟歌苓算是有私交，她的小说《花儿与少年》等在《十月》杂志发表时，我是她的责任编辑。作为作家的严歌苓极为自律，年少时的舞蹈训练，使她学会并习惯终生严苛地对待自己——如同练功，每天清晨写作，雷打不动。忘了谁说的，"严歌苓瘦得跟弦似的，所以痛苦可以轻易拨动"。削薄的肩膀和玲珑的小腿——好身材加上好品味，她的穿着始终优雅。我从严歌苓的着装上看不到季节，冬天，她穿得比卖火柴的小女孩还少。她为什么不胖呢？年轻时候，我也曾瘦得像卖女孩的小火柴，可如今早已胖成一团脂肪熊熊燃烧的篝火。歌苓厨艺很棒，而且，她会穿着镂花的牛仔裤做冰糖肘子——既好看又好吃地做饭。我喜欢她对个人情感的坦荡态度，跟我谈起自己的经历时，她无畏且信任。我一贯喜欢聪明而不精明的女人，生活中的歌苓经常马虎、糊涂，一会儿丢手机一会儿忘事儿的，她的弱点也被我视为特点。

有一次我到歌苓家玩儿，我前脚走，后脚来个想买《金陵十三钗》影视版权的商家——这是个歌苓认识多年的旧交，版权很快就卖给了他。我把知道的情况告知了张艺谋。张艺谋觉得版权既已他嫁，作品再好也无意义，因为操作不了。但《金陵十三钗》的内容，的确适合张艺谋的路子，所以我就和卞智弘共同力荐，希望张艺谋好好读一下这个小说。但凡有可能，我可以和歌苓商量，怎么把版权转移回来。

第一次见面后的几天，张艺谋要去日本出差，他拿着《金陵十三钗》小说的复印件上了飞机。几天没信儿，我不放心，就第一次给张艺谋发去短信，再次陈述之所以适合改编的理由。再过两天，终于，庞丽薇打来电话，然后是张艺谋接过话筒："小说看了，我想拍。"

第一个推荐的作品就能够被看中，我喜形于色，撞上大运。事实上，我的工作业绩只有刚开始工作的三个月内表现得最为突出。除了《金陵十三钗》外，张艺谋让我另外再找一个现代题材和一个古代题材。现代题材，我推荐的是张翎的中篇小说《余震》；古代题材，推荐《赵氏孤儿》。半年多以后，《余震》的电影版权卖给冯小刚导演，后来被拍摄成《唐山大地震》；《赵氏孤儿》也几年后被陈凯歌导演搬上银幕，而我当时是毫无信息来源的。我推荐的前三个题材分别被三位大导演拍摄，这种巧合吓我一跳。

可惜，巧合只是巧合，并非我的本事，因为此后数年我再无这样的佳绩。我为题材的贡献甚微，基本上像个跑龙套的跟着混场子。这一混，到现在八年。

落　差

一

刚入行时，我想象张艺谋拥有一个庞大而精良的制作团队。我想象工作地点将位居金融要地，或者隐身公园某个花木扶疏的深处，我想象办公区域辽阔，阳光穿过落地玻璃，照耀着那些衣装讲究的精英和办公桌上铃声此起彼伏的电话……

我很快就知道自己的想象有多么平庸。当时张艺谋的主要精力用于筹备 2008 年奥运会开闭幕式，除了《金陵十三钗》的剧本操作，电影方面基本停顿。剧组只在拍摄期间人头攒动，一旦关机，鸟兽猢狲散。张艺谋算是单枪匹马进驻奥运会导演组，工作室剩下维护运营的，只有三人：助理庞丽薇、司机小侯和我。庞丽薇身兼数职，如果我要报销票据，她立即变身为会计兼出纳。哪里有什么精兵强将组成的豪华制作班底？落差如此之大，我想象的国际团队沦为现实中的草台班子。

更让我惊讶的是，当时张艺谋连个正式的办公地点也没有。从 2006 年 10 月我第一次见到张艺谋，到 2008 年底我们搬入珠江帝景的两居室之前，我们的开会地点几乎都在东三环京瑞酒店的咖啡厅。

白天分身乏术，酒店也人来人往，我们谈剧本的时候，一般都安排在张艺谋从奥组委结束工作的晚八点以后。若干次是从晚十点钟才开始，好在咖啡厅从来没有轰过，我们和编剧坐在光线不算明朗的角落里，像几个落魄的密谋者。

点一壶菊花茶，边喝边聊，最后都是由张艺谋结账。看着张艺谋掏钱买单，我有点不适应，我以为他们这种人都由别人代劳才能体现身份呢。几次过后，我才明白，自己正是那种应该买单的工作人员，而不是袖手旁观等着被邀请的客人。

那么，进入奥组委之前，张艺谋在何处办公呢？2007年上半年，有一次庞丽薇把我带到北京三环路边的一个住宅小区：华辉苑。这个两居室位于三层，楼道有点黑，我绝对想不到这就是张艺谋的大本营。

别幻想什么设计独特的LOGO，就是再普通不过的暗绿色老款的防盗门，上面什么标志也没有，有几封信件或通知什么的，夹在门隙之间。当时房屋已处于等待转卖期间，文件都装在大大小小的纸箱里。

两居室里布置得毫无情调，一点没有审美设计，倒是有种奇怪的既整齐又潦草的印象。我没见到什么现代化的办公设备，不精简、不繁复，一切，只是平庸。我看到了张艺谋的办公桌——如果它可以被称为办公桌的话。那是一张暗绿面的乒乓球台，已经被整齐码放、高高堆起的文件占据了半壁江山。庞丽薇说，很久以来，他们就是在这张乒乓球桌上讨论剧本。打印剧本，张艺谋包括其他工作人员，几个脑袋一起凑到笔记本电脑小小的屏幕前进行修改。

华辉苑小区门口的道路并不宽敞，好在走不远就到三环。那时没什么随行人员，结束工作经常已是半夜两三点，得由张艺谋开车把庞丽薇送到三环边打车。张艺谋在后面打开大灯，照着出租车，看着庞丽薇上出租车，算是对她的保护，免遭夜行不测——这样，司机会以为有人跟着，还记下了车牌。

这套房子是由张艺谋交的首付，按月还贷。我来到时，华辉苑正准备出手卖掉，所以张艺谋讨论剧本时得找“外景地”。我没有在那张乒乓球台上工作过，华辉苑的这个两居室于 2007 年下半年就转变了，剩下的贷款由买方接收并续还。

奥运会结束之后，很快就要拍《三枪拍案惊奇》。这是由科恩兄弟的《血迷宫》改编的，直接买过版权，操作过程会很快。剧组人员将陆陆续续进入，不能再像过去那样散兵游勇地打游击，得找个办公的地方。庞丽薇飞快地在东四环附近的珠江帝景租了房子，同样是两室两厅一卫，只比过去的华辉苑宽敞一些。

有次庞丽薇停车，车场的保安和她聊天，告诉她一个情报：“知道吗？张艺谋的工作室就在咱们小区。”庞丽薇装傻：“是吗？他怎么会在这儿呢？”还有一次，我们正在开会，一屋子人挤在狭小的客厅——门响。有个岁数不详的中年人找过来，我们怀疑是前来要戏的女演员，她问：“听说这是张艺谋的工作室，他在吗？”入户门的位置正对厕所门，好在两者之间还有一道隔门。听到问话，开门的助手晓晖马上反应过来：“张艺谋？不，他怎么会住这儿呢？”与此同时，另一个工作人员迅速地关上隔断的那道门，把正从厕所里往外走的张艺谋堵到里屋，免得被迎面揭穿谎言。

在这儿向那位不知其名的“女演员”道歉，为了维护工作室的正常运转秩序，我们也是不得已而为之。不过我猜，也许她当场就明白了，一屋子年轻人，既不在办公、又不在 PARTY 的场景太奇怪了。业内人士，可以迅速嗅出其中的剧组味儿。

二

刚开始和张艺谋工作，我插不上嘴，感觉他太强于表达，而自己扮演的角色只是一对配合着少许表情的耳朵；即使在长时间不吭声的压力下，我被迫偶尔发言，也词不达意，遭到的回应无异于当头棒喝，这让我非常郁闷。因为在文坛的小圈子里，我并非笨嘴拙舌之人，如今频频受挫，心有不甘。

张艺谋具有强烈的控场能力，意味着他眉飞色舞时能让周围的人喜形于色，他眉头紧锁时也能让你备感压抑。他反应迅捷，常常一针见血，我听见枪响刚起步，他已越过红线折返，而后告诉我转换赛道。轮不到上场机会，令我怅然，在另一条跑道上又掉队了。被误读更感委屈，他的概括明明曲解我意，我说“葡萄”和“牙”的时候他就总结为“葡萄牙”，但我当场懵着，缺乏即时反击能力。我醒过味儿来想着补充说明，早已时过境迁。

都谈不上交锋，我手无寸铁。我很怕自己打击之下变得唯唯诺诺、言听计从，所以有时候赌气式的急于插嘴，但我的话缺乏质感和力量，因而无效。刚开始合作的时候，有一次我忍不住要求：“导演，你能不能先不说话，给我五分钟，让我完整地把话说完？”张艺谋不说话了，默认给我五分钟的自由。刚说一分钟，我就觉得词不达意，自己都失望，我从他谴责性的沉默里体会出了反讽。

虽然心怀怨意，但我想明白了，他没有时间和兴趣听废话。如果遇到这样的交谈者，你必须在第一分钟就切中肯綮，只要言之有物、见解独到，他会给你充裕的空间，甚至没有时限。如果能力足够，一个人应该做到说一分钟的时候，别人希望他说五分钟；说了五分钟，对方希望他别停，而是说得更多。想清楚了这点，我调整了对抗情绪，迫使自己镇定下来，训练更有效率的口语能力。

当然，积重难返，知道问题所在，改变需要时间。越有压力越成障碍，我明明是个说快板的，变成结巴，然后结巴变哑巴。

我数度萌生退意。坦率地说，我并不想拉大旗做虎皮，也许我只有一块属于自己的虎皮，尺寸甚微到寒酸，但遮羞足矣，我围在腰间能在自己的领域做个小小的孙悟空，至少闪转腾挪，快活得紧。在张艺谋面前，像有个紧箍咒念得我头痛，我当不成孙悟空了，我跟沙僧似的笨嘴拙舌，跟猪八戒似的里外不是人，还有了一张妖精的鬼脸和怪脾气，凭什么呀？

我从未设想成为影视运作中的一颗螺丝钉。即使被配置在精良先进的装备上，我也心有不甘，因为那是一项团体运动，我无法为整个结果负责。不过，我倒清楚自己面临的处境，没有绝对免单的飨宴，每个人肯定要付出代价才能有所获得。我对张艺谋表达过担心：“跟你干活，我怀疑相当于劳动教养：工作量超强，心理不自由。跟你锻炼几年之后，估计会两种命运：或什么苦力都举重若轻、迎刃而上，或劳动致残、生活不能自理。”

谁都不能替你的未来买单，一切，取决于我的内心是否足够强大和镇定。我在初期颇为郁闷，后来有一个信念：未来某天，即使我离开岗位时不会像天鹅般优雅高飞，至少，要有家鹅的派头，我要扭扭达达颇有风范地离开，哪怕这姿势是装腔作势，我也要在走之前，拍着笨翅膀往场子里扬点土。

朋友曾在我接受策划任务的两个月后问我：“你扬起点灰没有？”我老实承认：“没有，如果扬起了灰土，就是够把我自己搞得灰头土脸的。”

不过，我决心已下，无论如何，我一定要坚持下来，直到我有能力而无兴趣做这件事的时候，我的离开才是自由自在的，才身轻如燕，才不会带着隐隐的心理创伤。

是的，我必须等到那一天。

三

张艺谋曾谈到，自己被媒体“妖魔化”。在认识他本人之前，我也认定他必有封建独裁者唯我独尊的霸道和武断。这个心理作用下，我同时不自觉地预设了自己的角色：处于不言自明的弱势立场。

弱势者的反应，是特别容易感觉人格和自尊受到侵犯。因为不自信，动不动就反抗，甚至禁不起一个玩笑。我们很容易因为外国电影中有个反面角色是中国人就怒发冲冠，抗议“辱华”，而不去想想，我们多么容易就在言辞和角色里贬损其他民族而不自知。当我们把自己设想为易受伤害的弱势者，我们随时提防，处处戒备，其实已经带有些许病态。

我个人跟张艺谋的合作早期，就带有强烈的弱者性质的反抗。有些挑衅是不必要的，但意味着某种试探，比如在没有任何语境铺垫的情况下，我会愣头愣脑地冒出一句：“导演，我非常不喜欢《黄金甲》。”相对来说，我比较具备合作精神，但不由自主地，我就是愿意保持着和他的对抗，似乎唯此一途，我才能有所捍卫。

几个月以后，我差不多能做到直言。我想真诚的态度是基础，水平不足尚可提高，说违心话才是可怕的变节，于他做事、对我做人都没有好处。磨合期，张艺谋能给我相对大的容忍度，并把我的狂妄视为秉性，而过了这个阶段，彼此再来调整或许很难。所以我确实有点蓄意挑衅的意思，相当于刨个坑把自己活埋一半，如果奏效，我也就此站稳了脚跟。很快发现，张艺谋比常人更能接受真话。

如果我想获得某种意义的平等，那么，这种平等必须由自己的能力赢得，奢望某个人给予平等，这种心理本身，出发点就是把对方当作权力的执掌者——所以走这条道，平等是根本无法实现的。我渐渐觉得，自己的很多对抗，并非是在捍卫小知识分子的气节，不过是想一逞口舌之利。我耿耿于怀的背后，隐藏的自己是小肚鸡肠，不够坚韧，缺少承受和担当。我先是用有色眼镜看待了张艺谋，意识里先把他“宣判”到某种妖魔化的角色里。说来说去，我还是自以为是了，对个人形象的过度重视，才会导致我动不动就分庭抗礼。作为一个工作人员，我起码，应该设身处地替他人着想。

当我放平心态，我发现，很多事情并无想象中那么丰富的象征意义，只是我多心，或者说，我应该尽心的事没有做到。

比如，刚开始和刘恒约谈剧本的时候，刘恒提出到维景酒店。我打114问了行车路线和营业时间，怕万一谈得太晚还得被迫转移，然后我把具体地址、电话、怎么走发到他手机上。一会儿张艺谋来电，从桥的哪个口出去，我说：“大约是第一个，立交桥路标很大，到那儿就明白了，指示得非常清楚。”过一会儿，张艺谋又打来电话需要我再次确认。我有点诧异，至于吗，他到那儿看不就得了，自己算是有服务意识的，但没想到，一个路口都得精确地服务到位。我得停下来好一会儿，才能设身处地替张艺谋着想，他的追问并无不妥。他忙于奥运，紧张得分秒必争，没有找路的余暇；另外，重要的一点，张艺谋不像我们随时摇下车窗打探那么方便，所以出发之前必须目标明确。因为我们没有向陌生人问路的顾虑，没有这类经验，才会觉得张艺谋的要求奇怪而苛刻。只要换位思考，许多问题迎刃而解。

四

约翰·伯格曾这样表达绘画中“逼近”的概念：“逼近即意味着忘记成法、声名、理性、等级和自我……”无论是了解一个人，还是处理一件事，我们首先需要卸除自身的枷锁。

一开始，我就想出各种方法来对付张艺谋。

对长者，我本来称呼“您”，但这样我在心理位置上更趋近礼貌，不利于剑拔弩张时的针锋相对，所以我强迫自己对张艺谋改称“你”。面对张艺谋，我需要尽量摆脱附着在他身上的东西，只面对剧本，只面对电影本身。争论时意见不同，张艺谋费劲地说服一晚上，编剧刚要回心转意……我横空插一杠子，声援编剧，与张艺谋交手。编剧软下去的口气立即重新强硬，我们联袂，大战张艺谋。散场过后，悲愤的张艺谋想唤起我的良知：“周晓枫！你到底知不知道自己是哪拨的？”我更悲愤：“吾更爱真理！我觉得谁的主意好就支持谁，不会始终附和你，这才是我的良知！”张艺谋叹气：“敢情说服编剧之前，我先得做通你的思想工作。”张艺谋把我形容得像个背后补枪的，让他腹背受敌……当然，说得对。

我的反应和口才远不及张艺谋，挣扎中，他说我总抢话。我立即反驳：“如果不抢话，恐怕我连个标点符号的位置也占不上。”口语达不到和张艺谋对攻的程度，我就发短信。书面语不仅比口语表达起来从容，而且准确。我怕敌人的反攻倒算，尤其深夜散会之后，那样等张艺谋挂了电话，我会在想象中的审判台，跟他分庭抗礼，恼怒中失眠到天明。所以，我发完漫长而恶毒的批评短信后，会加上气人的结束语：“我不同意你的想法，但争辩不过，沉默不代表我的认同和屈服，以上陈述，希望你再做考量。因为没想好怎么对付你继续的反驳，我先关机，休战，回去秣马厉兵。”这样，纵使张艺谋有一肚子词、一肚子主意、一肚子气愤，我也管不着了——我该吃吃，该睡睡，梦里阵阵磨牙，像在嚼恨。

数年后，难得，我从张艺谋嘴里听到了一句从牙塞里挤出来的疑似表扬：“你不是我的下属，你始终保持着合作者的平等态度，这个好。”

工作狂

一

张艺谋是超级工作狂。他从每天两点左右开始，连续工作十几个小时，连续的事宜、连续的会议、连续的压力……他无需任何课间休息。每年初一，他休息，其他任何时间他都可能在劳动。助手不堪其苦，只能仰天长叹，因为张艺谋竟然能晚上十一二点的还要回工作室来继续劳动。马不停蹄，这是他习以为常的节奏。

勤奋、刻苦，张艺谋极限运动般的方式，不属于正常人类的表现。他经常每天只吃一顿，晚饭基本不吃。庞丽薇跟我说过一件趣事，在奥组委的张艺谋越战越勇，废寝忘食。张继钢边开会，边在桌子底下偷偷给会场人员群发手机短信："哪位好心的同志勇敢地站出来，跟导演说一声，让咱们去吃晚饭吧。"

2008年底，办公地点有所改善，我们不在酒店的咖啡厅打游击战了，搬到东四环附近的珠江帝景小区。购置了投影仪，不用再盯着电脑小屏看，《金陵十三钗》的剧本是投射在墙壁上的。平常来的人只有张艺谋、庞丽薇和我。张艺谋动口想主意，庞丽薇动手打字，我呢，是个愚蠢的话靶子，说什么都错。我懒散惯了，是个热爱自由的涣散者，承受不了突增的强度，工作一会儿就电压不稳，脑子里全是菜谱和零食。一到饭点儿，我的系统会发出警报，庞丽薇给我订个盒饭——我作为满嘴杂碎、一脸蠢相的吃货，继续提供负能量。偶尔，庞丽薇会蒸三根老玉米，我们仨边看投影仪上显示的剧本谈修改意见，边对付一根筷子插住的玉米。金灿灿的玉米粒伴随着我的一口黄牙，吃得我秋水共长天。

每每深夜，我都拖到只剩勉强的人形，神思恍惚，近迹白痴，再看屏幕上被放大的剧本，句逗不分，里面的角色对我而言都成了陌生人，台词说的都是外语，老感觉自己的口水要从豁嘴里流出来。张艺谋须臾不歇还不算，我累得神情恍惚地离去，他回家还要看碟。第二天，他现蒸现卖地给我普及昨晚获得的新知，或者讲讲深夜重播的百家讲坛，兴致勃勃转述并在黑板上画图，分述恐龙灭绝的原因……他全无倦意，眼睛里精芒四射。

张艺谋修改剧本时，开始是庞丽薇打字，后来换晓晖打字。庞丽薇血战杀场，深夜尚耳聪目明，而且开始我听不懂他到底什么意思，庞丽薇还要从事“中译中”的工作，解释张艺谋的意图。晓晖刚上手的时候，难以适应这种疯狂，两点过后，困得不省人事，录入以错别字为主、正确标点为辅。不过她全部正确对其他人的意义也不大，我们看投影仪，满屏的甲骨文——似曾相识，难辨其意。晓晖曾重心不稳，从办公椅上像从野马身上那样摔下来，摔得人仰马翻，像倒踢金钟的足球运动员，脚尖几乎踢到张艺谋的眉心。

盯着屏幕时间长了，我们的眼睛容易花，张艺谋惊讶于我辈表现，为什么耐受力竟然如此之差。他迷惑地反问：“你这才哪儿到哪儿啊？至于吗？”额的神啊，请您下凡给张艺谋按个暂停键吧——若你没工夫，请派神灯来；若你的兵器都占着，天降苍蝇拍也行……就拍一下，让他晕过去吧，让我们好歹眯一会儿。心生恨意，我们都是血肉之躯，只有这位是变形金刚。

我常常在药力作用下才能勉强应战，需要连喝数杯咖啡，才能聚集能量。我记得最倒霉的一次。已经极深的夜，张艺谋依然眉飞色舞，我第二还是第三杯咖啡的效力已经过期，世界观一片模糊。趁导演去洗手间，我赶紧又服用一杯咖啡紧急充电。谁知他老人家出来，就跟一休哥似的说："今天就到这里，到这里吧。"我一贯掐不准他的脉，常被庞丽薇、晓晖她们引为笑柄，果然又证明了一次。所以我自嘲："我怎么总是赌大赢小、赌小赢大呢？可惜咖啡刚刚下肚，早知道这会儿结束，根本用不着喝啊！"张艺谋用深切同情的态度做出回应："哎呀，刚喝咖啡？那别把能量浪费了，咱们接着谈。"我恨自己多嘴，只差跟地下党似的把自己舌头咬下来。问题是，我还要承受额外的道德谴责，其他工作人员也累得强弩之末，刚要欢呼下班，现在被迫留下来陪绑。在他们忧怨中夹杂愤恨的目光里，活活地，我们又加班两个小时。这次遭遇，让我体会到，什么叫祸从口出、言多必失。

二

合作数年期间，我从没见张艺谋打过一个哈欠，他好像天生就没有那个功能，至多只是几十个小时没有睡眠过后，眼睛里有点小血丝。史泰龙不会笑，张艺谋不会打哈欠，事实上，在工作两年以后我就开始秘密等待那个神奇的瞬间，有 种越来越重的好奇心，甚至带有恶作剧般的期待，但我的希望日渐渺茫，比守株待兔还难，我像等着一只落在极地上的孔雀开屏。只有一次短暂的瞬间，张艺谋困得热泪盈眶，令我一阵窃喜……结果，我依然失望，没有等到那个历史时刻，他像鱼一样不停开合的嘴并没有像被口腔医生检查喉咙一样张大到鳄鱼的程度。

我熬得脱形，白发频生，再看他老人家神采奕奕，不禁半是谄媚半是抱怨地说："难道您就不需要休息吗？别人可不能像你似的，奔驰只烧奥拓的油量。"他点头："是啊，他们都说我体能超强。不过最近还是有点疲惫，是不是看着跟野狼似的？"当时我困得眼花，看他凸颧骨、深眼眶、两颊对称下陷，我心里哀叹一声：没人说过你长得像骆驼吗？怪不得，比一般的大牲口能扛多了。

据说，张艺谋打出道就以此著称。拍摄电影《活着》的时候，张艺谋边拍摄边改剧本。每天结束拍摄后，把主创集中到一起，讨论接下去的剧本内容和表演方式。熬到最后，人声渐息，编剧芦苇像木偶一样僵住，全身只有两个手指头活动，用于控制录音机的按键，把张艺谋的想法先录下来，等思维复苏时再领会精神。主演葛优半梦半醒，他的脸上用打开的剧本盖住，从剧本下偶尔发出一两声鼻音儿，剧本封面赫然上书两个斗大的黑体字：活着。张艺谋不挑人，谁睁着眼睛谁倒霉，被张艺谋逮住就往死里谈，直到对方失神、呆滞的眼睛终于闭上。张艺谋就在旁边等着，他的眼睛跟探照灯似的来回扫射，看谁把眼睛重新睁开——谁敢把眼睛睁开，他就接着跟谁练。

作家毕飞宇曾跟我说，当年给《摇啊摇，摇到外婆桥》当编剧，张艺谋这个可怕的习惯，令人丧胆。剧组人员远远见到张艺谋，望风而逃。有时，毕飞宇实在困得不行，只好逃回宾馆自己的床上，张艺谋追杀而来。尽管毕飞宇半躺半坐、半死不活地赖在自己的床上，张艺谋依旧不肯放过，围着毕飞宇的床打转，跟他商量这样那样的情节，活像牧师围绕弥留者的床。终于，把毕飞宇熬得活活昏死过去，张艺谋才怅然若失地离开他的房间。

电影拍摄期间，张艺谋的小宇宙爆发起来更为可怕。他白天拍摄镜头，晚上完成剪辑，每天只睡两三个小时，数月如此。所以，他的电影关机不久就能完成粗剪。

对于张艺谋来说，工作不是惩罚，是他持续的沉迷。我怀疑，张艺谋若是被俘，严刑拷打不管用，铁嘴钢牙，不招！只要把张艺谋捆到椅子上什么都不让他做，熬不了多久，他就屈服了。著名影人史航感慨过张艺谋这种人，说他："唯有在工作中如鱼得水，让张艺谋休假？唉，那就相当于把鱼捆到沙滩椅上，让它晒晒太阳、休息休息一样。"

张艺谋自述："我们这一代人受的教育，不会善待自己。回想我的经历，一步一步碰上好机会，可比我有才的多得是！假如我还在浪费时间、虚度光阴，说不过去。"

他不浪费时间的手段，太逗了。很多人把手表调快几分钟，免于误事；张艺谋也习惯如此，他很少迟到，即使遇到特殊情况被迫晚到，他也会打电话通知。有一次，我们几个人在一起吃饭，陈婷突然问张艺谋："你的表怎么了，现在到底几点？"不是手表的毛病，张艺谋这个乐于给自己上弦的人，越上越紧，他竟然把表调快了将近半个小时。我不禁讽刺地想：真够国际范儿的，分分秒秒，生活在时差里。在我们的批评里，张艺谋恋恋不舍地把指针调回去，还是比标准时间快了 10 分钟。说起来，陈婷是整个工作室的大恩人，她有时会拉张艺谋去度假——对我们来说，无异于解放的通知。张艺谋的家庭对外公开以后，他们的日子明亮了，我们的节日也比原来多了。

陈婷是整个工作室的大恩人，她有时会拉张艺谋去度假——对我们来说，无异于解放的通知。张艺谋的家庭对外公开以后，他们的日子明亮了，我们的节日也比原来多了。

张艺谋对“机会”也有着自己的理解：“你没有办法辨别什么是机会，没有人能长一双慧眼，看到机会的来临。你只能做各种各样的准备，往往是准备之后你做了临时性的选择、不知深浅的决定，正是这些准备，让你的各种选择和决定改变了命运。等你若干年回过头看，你才恍然大悟，原来那次抓住的就是机会。”

三

我喜欢美国演员丹尼尔·戴·刘易斯，变色龙一样的刘易斯，无人能抵抗他的魅力——而针对他极其苛刻的体验派表演方法而言，说喜欢两字，几乎是一种轻慢。应该说，是格外的尊重。为了表演患先天脑麻痹的主人公，刘易斯练习到能用左脚夹起一根针再放下；为体验《因父之名》中主人公身陷囹圄的感觉，他把自己禁闭在一个牢房般的环境中长达数月；为了出演拳击手，他在拳击冠军手下受训长达一年半；为了饰演杀人不眨眼的屠夫，除了练就令人胆寒的基本功，在片场，每个人都被要求用角色的名字称呼他，如果拍摄打斗场面，他提前几天就会酝酿愤怒，目光凶狠地盯视所有人。刘易斯说：“我无法想象人们在排练时讨论投入多少的问题，对我来说，永远都只有百分之百。”

中国的很多演员也是优秀的，若论真这么舍得自己的，恐怕寥若晨星。花费最少的力气达至最佳的效果，我们愿意以更经济的方式经营自己，不愿去做笨力气和笨功夫。在这点上，张艺谋例外。

张艺谋是典型的陕西人性格，一根筋，执著而顽强。1987 年，张艺谋在吴天明导演的《老井》里饰演男主角孙旺泉，在体验生活的两个多月时间里，他硬是每天早、中、晚，从山上背 150 斤左右的石板下来。

为了找到被困井下三天的心理感受和银幕形象，为了接近角色，张艺谋果真三天粒米未进。他说，饿点最初没什么，体会不到什么天晕地眩的恐慌；前两天无感，第三天才体会到饥饿的难受。

等到实拍，从镜头里一看，张艺谋感觉自己白挨饿了。只有长时间饥饿才有效果，饿几天不会在银幕形象上有所反映；如果拍动作戏可能会被观众看出来，让他抱个女的跑他肯定是跑不动的，体能上无法支撑，但如果像电影《老井》中就那么半躺半坐、搂着女主角在那儿喘气……张艺谋事后总结，吃饱喝足，一样可以演得奄奄一息。尽管这是事后的经验之谈，但若往事重现，张艺谋还是那个搬石头、饿肚子的人，要不然，他不放心。

他愿意尽自己最大的努力，去把事情做好，做到极致，他才无悔。就是这样，凭这部片酬 500 元的角色，张艺谋荣膺金鸡百花双料影帝，同时在东京国际电影节上荣获最佳男演员奖，也是中国第一位在国际 A 级电影节获得影帝称号的。

如果站在旁观者角度，我愿意讴歌他的顽强；当张艺谋把这样的精神头儿用于剧本创作……作为当事人，我赞美不出来，因为我自己成了潜在的受害者。

四

张艺谋平常算是慈眉善目的，可在探讨剧本期间，他显得“暴躁”。张艺谋、编剧加上不定会给谁帮腔的我，争论的声音经常越来越高，像是群殴之前的过门戏。

助手在门外听到张艺谋打电话时似乎震怒的高声，等张艺谋一脸平静地从里屋出来，助手小心而迟疑地问：“导演怎么啦？你跟谁生气呢？”张艺谋不解地反问：“我没跟谁生气啊，我跟周晓枫讨论呢，我一谈剧本就这样。”

看看，我就是剧情中的倒霉蛋。不过，在身经百战的锻炼中，我早就没有那么敏感，是从他人的表情和解读里，才读到了意外的同情，而我身置其中浑然不觉。我们争执的内容可以从具体情节，上升到价值观的冲突，我急了眼就对他进行恶意的人身攻击，因为说不过他。

2009 年，条件又改善了，工作室搬到东四环，面积和设施算是鸟枪换炮了——可还是比不上许多中等级别的影视公司。张艺谋的会议室在楼上，有一天空调坏了，我们移师楼下。一个多小时以后，我出来上厕所，有两个人都过来轻声询问和安慰我。我颇感疑惑，这才知道，他们以为我惨遭痛批。我茫然不解，刚才正常啊，没有任何问题发生，他们何以过虑？后来想明白了，我们经常在这种高亢的对峙里，有时是因为冲突，有时因为想法碰撞中的喜悦，只不过，平常我们是在楼上开剧本讨论会，离楼下工作人员距离远，殃及不到池鱼——这回隔墙有耳，初闻如此激烈的对攻，难免猜测。那天讨论有进展，结果不错，刚才还拍桌子踹板凳的一行几人，风平浪静、其乐融融地走出来，似乎重修旧好——可惜，不当吃不当喝，我们到明天，又是一场恶战。

探讨剧本阶段最痛苦的时期，我们在重复路线上绕圈，直到，陷落自己创造的深渊。我的心理能量只是一小片创可贴，根本糊不上内心那么大的创伤。张艺谋不光否定别人，也否定自己，我最怕他说“回头望”，每一回头，他经常感觉走过的路程是错误的，至少不是最佳，他不断试图重新开辟航线，这种穷尽可能的讨论，难免使我们陷入困境和僵局。张艺谋每次都说：“咱们就差这么一点点，再努力一下就成了！”这句话对我形成不了什么鼓励，因为每每如此——每次都说再冲刺一点就撞线，其实他不断移动红线的位置，最后还不是百米跑成马拉松？我都在迷茫中飘摇不定——“往前看”海市蜃楼，“回头望”一片废墟。我常常根本跑不动了，只剩点气力匍匐前进。他尚不满意的剧本就像伤员躺在担架上等待救治，我有时想起刘晓庆在《小花》里跪抬担架的场景，觉得自己活像拙劣的山寨版，因为造型相似但我表情难看，一路龇牙咧嘴的。创作《金陵十三钗》的时候，张艺谋要求达到“可歌可泣”，四五年下来，剧中人是不是可歌可泣不知道，因为好多情节都被他“可割可弃”，像我这样的工作人员，到最后，不可歌、不可泣——唱不出来也哭不出来了。

五

许多人以为张艺谋手眼通天、呼风唤雨——也许拍摄期间他跟雷公电母似的那么有本事；剧本准备时期，他经常在无望中孤军奋战。有时，我会恼火张艺谋在显然的死路上勇往直前，有时未必如我所料导致必然的错误，神来之笔恰恰来自唯有他一人坚持到终点的努力。

打个比方，张艺谋就像从亚运村步行到天安门，听说广场上摆流水席大宴宾客。你要是阻止他，用常识不行，因为他认为在常识之外才有奇迹。如果怕张艺谋走冤枉路，你飞快地先跑去，然后“探子来报”，说那里什么也没有。张艺谋依然轻易不信的，他认定你找错了地方，唯一的办法，是你当个车把式，快马加鞭，把他尽快拉到广场亲自一看。

执著到匪夷所思，想起张艺谋《老井》中的忘我演出，他不仅要在后院凿出的井里出水，还想出煤、出石油、出黄金。因为这种不惜血本的开凿方式，使他能用原始工具挖掘到别人不曾设想的深度。然而，如果运气不佳，头破血流、不计后果的深入手段，也容易发生令人无法自救的矿难。

我私下觉得，张艺谋的命硬，不论过程中多么险象环生，最后似乎总能峰回路转。我去看奥运会开幕式的彩排，印象很差。那是倒计时的一场彩排，太多事项还没到位，乱哄哄的。再往地下一看，晕了，地上的 LED 屏幕很多地方根本不亮，到处是黑下去的格子，跟国际象棋似的，等于把设计图案给马赛克了。我想，张艺谋完了，回天乏术。没想到，结果不一样。张艺谋承认，就奥运会正式开幕那天，地下的 LED 灯没有出现问题，图像清晰、信号良好，此前他自己也没见过全亮的时候。

北京奥运会开幕式在国际上受到广泛赞誉，我有些不解，因为我当天观看时没觉得像媒体形容中那么登峰造极，我不理解为什么它会获得那么多的褒义词。后来我看到国外拍摄和剪辑的版本，画面不同凡响。张艺谋后来以奥运会开闭幕式的碟片作为礼物送人，送的，都是国外的

图为 2008 年奥运会开闭幕式总导演张艺谋和烟火总设计师蔡国强。照片创意为张艺谋。

《瞄》

2008 年奥林匹克运动会闭幕式后，导演组到蔡国强先生在中国美术馆举办的个人展览《我要知道》参观

摄影：林毅

转播版本。

六

张艺谋的抗击打能力优于常人，意志力顽强。

感冒发烧，他肯定是轻伤不下火线的。有一次，他得了带状疱疹。有医学常识的人都知道，带状疱疹常常令人疼痛难忍。他不，带病改剧本，一边吊着瓶输液，一边改剧本。

他有腰伤，不仅是打球游泳这类体育运动，他有时刷牙一伸胳膊，得，动不了了。各种事宜被迫临时取消，等他重新恢复。一般说来，腰伤只要稍微恢复，能动了，张艺谋就来工作室。由于行动不便，张艺谋走路姿势怪异，是迈克尔·杰克逊太空步的拙劣翻版——他上身保持不动，力图通过步伐的平缓运动，徐徐地飘移进来。

腰伤发作的时候，张艺谋捆上一个充电的理疗袋，用热敷办法来缓解疼痛。也曾找过按摩师傅，我印象深的，是大约 2009 年左右，工作室买了一张简易的按摩床，师傅上门治疗。那张按摩床宽度挺窄，在脸的部位掏了个洞，看起来跟个马桶圈似的。被按摩者趴着，把脸按进这个马桶圈里。按摩师先给剧组里的工作人员按摩，不知是力道过大还是穴位准确，她从娇喘微微到颤抖中的呻吟，很快变成声声惨叫和阵阵哀号。换了伤情更重的张艺谋上阵，死不吭声，就跟演尸体的群众演员似的无声无息。

有一次，约好四点开会，我三点四十提前到了。工作室里站的站、坐的坐，已有七八个人，是剧组各个部门的，等着开会——而张艺谋正接受按摩，脸按在马桶圈里，看不见人。我跟别人打了个招呼，张艺谋听见声儿说：“哦，你来了。正好，有个情节不通，咱们聊聊，看怎么把它弄通顺了。”我根本看不见张艺谋的脸，只能看见张艺谋囫囵的后脑勺，他的声音从按摩床的马桶圈下面传出来，瓮声瓮气的。他老人家可不管这套，不以为意，继续，就像正襟危坐那么严肃地讨论剧情。

我没见过一个能和张艺谋比肩的工作狂。为了即将开机的《长城》，2014 年 11 月张艺谋经常早晨九点在中影公司开会，晚上七点左右返回工作室独自修改剧本，每每熬至深夜两三点钟。他什么时候睡觉啊？打字助手小周两眼血红，几近崩溃——我要是她，就恨不得给张艺谋下毒。11 月 23 日晚上我去送资料，张艺谋正挑灯夜战；等我离开时，突然想起他去医院看病的事：他的手腕也有日益严重的伤情，腕管炎拖了六个月。我问：“医生说怎么处理？”张艺谋就跟约定开会时间似的那么平静地回答：“哦，明天早晨手术。”24 日，医生观察病情后，觉得暂时不能开刀，再保守治疗一下。张艺谋接着干活儿，跟没发生这回事儿一样。

八年来，我没听到张艺谋抱怨过自己多累、多辛苦、多不容易。没有，从来没有。

榜样力量的带动下，我被迫反省自己的娇气和怠惰。我应该发愤图强、发疯创新，应该觉得感冒算什么、骨折算什么？我不仅要带病坚持工作，还要带精神病坚持工作。

七

张艺谋岁数不小了，如何能那么电力充沛？长年累月，熬夜，不吃不睡的。

2013年1月30日，编剧宋方金来工作室聊天。宋方金写了个故事梗概，开篇就提到飞碟。于是张艺谋开启了这个话头儿。以下这段内容听起来太像杜撰、太像自我神话的塑造，但确实是当晚的实录。和他工作这么多年，我第一次听他讲飞碟。如果不是亲耳听到张艺谋的亲口讲述，我根本不信。在场听这段话的，除了宋方金和我，还有个既会写剧本、又会拍纪录片的伶俐丫头小宋歌。

那是1985年夏，陈凯歌的《大阅兵》即将开机，张艺谋任摄像师。剧组住在湖北武汉的应山机场附近。摄影组是人先到的，摄影器材和设备半夜卸到附近的火车站，张艺谋他们用212吉普把机器运回剧组住处，已近黎明。由于器材占据汽车大部分空间，没有空地，有两个同行者是抓紧汽车的握把，挂在车尾回来的。

剧组驻地有一扇大铁门，需要拉开，车才能开进去。制片部门的陈立国先下车拉门……忽然，他惊慌地跑回来，说了几个字："艺谋，飞碟！"

张艺谋跳下吉普，看到机场上方的天，空寂广阔，没有什么能作为参照物。如果说月亮的感觉像个洗脸盆，他所看到的是一个大得有如洗衣盆的物体，那种像我们小时候用以洗澡的白铁皮大盆——它以倾斜45的角度，悬停于空中，一动不动；除了，环绕它周围一圈的光带缓慢转动。

从看到的那个瞬间，张艺谋就确信它是飞碟："只要你见到，就知道不可能是误判，因为在我们的经验里没有和它近似的物体。它和探索

当年的陈凯歌和张艺谋。

杂志上刊登的图片一模一样。”

张艺谋说，从确信目睹之物是飞碟之后，他立即就没有什么明晰记忆了。好像一下子进行了思维的盲区，他没有任何意识。后来，张艺谋渐渐恢复过来，感知自己旁边的工作人员都在搬运设备。不知道中间隔了多久，从推理上说应该有几分钟吧……张艺谋经历了所谓的灵魂出窍。

我不知道摄影组是集体中蛊，还是那时候的人单纯得死板，也许没有随手的相机可供拍摄，而马上拿出器材组装去拍摄影像资料根本来不及——抑或，根本没有人想到去拍摄？对这个千载难逢的奇迹时刻，剧组中人竟然是边搬东西、边看飞碟、边议论。有了意识反应的张艺谋参与到劳动之中，搬了一两趟东西，他发现飞碟的光束正向内收敛。飞碟并不是飞走的，而是渐渐隐没……天上空无一物，无痕无迹。张艺谋继续劳动，再抬头，原来空无一物的天空，在飞碟原来悬停并消失的地方，出现了一朵就像“核爆炸似的”粉红色的蘑菇云。当时见证这过程的共有七人，有制片部门的人，也有张艺谋的摄影助理。张艺谋能想起的名字分别是制片陈立国、摄影王继朝，此外还有摄影组的四五人。能够确认的是，他们当时无人喝酒，更别提什么药物的致幻反应，他们当时保持着足够的清醒。第二天早晨，剧组的人员在餐厅里纷纷议论，交流此事，引为奇谈。

难道，张艺谋几近病态的工作态度和能量，是头脑经过外星人扫描的后果？否则天理难容。张艺谋作为一个不可思议的极端工作狂，让体力衰竭如我者，感觉自己不过是人类中的半成品。数次与陌生的朋友交流，他们说：“周晓枫，我们见过你，你就是在《金陵十三钗》纪录片里那个愁容满面的人，不知道你是打哈欠还是在叹气。”

沉默者

一

我胆小，遇事方寸大乱，所以格外佩服张艺谋处变不惊的定力。

记得《三枪》开拍在即，再过两天剧组就出发奔赴甘肃张掖了——好几百号人呢，除了少数乘飞机前往，多数是乘坐火车抵达，许多设备已先期运到了外景地。临出发，诸事烦琐，会议密集。张艺谋有条不紊，不慌不忙。

我们那天的会从下午开到晚上八点，然后张艺谋宣布散会，他要接着给别的部门开会。我收拾东西准备开溜，张艺谋表情平静地对喜剧导演尚敬和我说："你们俩留一下，咱们到阳台说点事。"

珠江帝景的工作室一共一百多平方米，两间屋子还有厨房和餐厅，都被工作人员占用，我们仨只好挤到三平方米的生活阳台那里说话。张艺谋明显避开其他成员，看样子，这事儿挺秘密。

等我一听，脑子懵了：男主角孙红雷的手前天骨折，已打上石膏，行动受限，他无法按原定计划进入剧组了！

此事后来被坊间传为同是腕儿的孙红雷与小沈阳谁也不服谁，直到两个人互相诉诸武力，造成孙红雷的手骨折——这并非实情。

孙红雷受伤前的当天下午，我们在郊外老孙的马场举行了秘密的开机仪式，谢绝记者，只有剧组人员参加。张艺谋、孙红雷、小沈阳和我都坐主桌，席间张艺谋回忆了和马场主老孙交往的旧事。孙红雷和小沈阳都是东北人，以前就认识，哥儿俩的关系亲近，推杯换盏的。我们吃了许多烤串，把酒言欢，其乐融融。

开机仪式过后，豪迈义气的孙红雷意犹未尽，拉上小沈阳，还有张艺谋的女儿末末等一干人等，去喝啤酒和K歌。玩到晚上，两个人有点喝高了，开玩笑的时候没把握好分寸，语言上起了冲突。孙红雷表达强烈的情绪时，自己用手使劲一砸桌子，正好砸到花瓶上，当场血流如注，他把自己弄骨折了。事后，哥儿俩好还是哥儿俩好，可惜拍戏受了影响。孙红雷也为不慎之举懊恼不已，一直道歉，担心给剧组带来损失。

得知情况，张艺谋立即亲自去协和医院，了解到孙红雷的伤情必须静养，需要数周或数月才能拆除石膏，根本无法完成电影里的动作。我奇怪的是，面对如此迫在眉睫的糟心事，张艺谋竟滴水不漏，按部就班地开预备会，我们没有感觉到他情绪上的丝毫焦灼。为了避免扰乱军心，张艺谋没有透露消息，整个剧组只有几个知情者。

当尚敬和我得知事态的严重，我们面面相觑，不知如何应对。接着开秘密会议，参与者大约十人左右，商量如何面对困境。张艺谋决定剧组照常出发，调整全部拍摄方案，先拍别的戏，等孙红雷的手伤拆除石膏之后，再进组补拍。手部特写和动作都需要借助替身，因为孙红雷的手伤未愈，根本吃不上劲儿。

这不算什么晴天霹雳，但也不是微若涟漪，张艺谋如老僧入定，从外表上看不出什么破绽。其后，我多次见识过他的镇静，他的能盛事，他的死不吭声。

上帝不会浪费每个人的才华，你张艺谋不是遇乱从容吗？好，就给你足够的乱相，看看你什么时候心乱如麻。

二

有一次打开工作室的电视，就看到娱乐节目对张艺谋的系列报道。我们和张艺谋一起暂停手里的活儿，一起看。

记者追踪到西安，拍摄到他的前妻肖华孑然一身，并且张艺谋的高龄母亲也独自住在单位的房子里。随后采访的，是张艺谋陕棉八厂的昔日工友雷佩云，他提到张艺谋有一个弟弟身患残疾，在路边修自行车。这些镜头组接在一起，感觉张艺谋背信弃义，是个不孝且毫无情义的冷血之辈。张艺谋看完节目，不予置评，关了电视，接着开会。

我忍不住，停下来追问："你弟弟修车？"张艺谋简单回答："早就不了，十几年前的事，那时大家都不容易。"前妻肖华涉及私事，我不好问，可关于张艺谋母亲的寡居我疑窦丛丛。张艺谋出国的时候经常带着母亲，庞丽薇专程陪同照顾。媒体揭露张艺谋置孤身老母于不顾，而张艺谋对此态度冷淡，不置一词，根本没有情绪反应就接着工作，难道，这是他难以启齿的软肋？

我特别轴，心里有什么事儿绕不过去，死死追问张艺谋——既然与母亲的关系并非疏离，为什么不申辩？对于一个公众人物来说，张艺谋有义务对社会起到示范作用，而不应这么放任诋毁。

张艺谋的表情略带不解："我孝顺不孝顺为什么要表演给公众看？

张艺谋与母亲合影。

那是我自己的事，问心无愧就可以了。”我说：“那是你自己的逻辑！不要以为洁身自好就可以息事宁人，如果公众对你抱持负面的看法，讨厌你、恶心你，谁还有兴趣看你的电影？”就是在这种情况下，张艺谋给我讲了高仓健和他母亲的故事。

高仓健是个孝子，但令人震惊的是，他没有出席母亲的葬礼。一片谴责和声讨，但高仓健选择沉默。墓园的看守者却发现，凌晨，高仓健母亲的墓碑前有一捧刚刚献祭的鲜花，而微雨中那辆久久停着的悄无声息的汽车同样悄无声息地离去。在拍摄《千里走单骑》期间，高仓健并无任何苛刻的要求，只有一样，特别的。高仓健到了剧组，第一件事就是摆好母亲的遗像——他随身携带母亲照片。他的要求就是，每天要一束鲜花，用于供奉在母亲遗像前。对高仓健的行事风格，张艺谋极为认同和尊重。他对我再次强调：“孝顺不是作秀，它是你内心的情感，用不着证明给别人看。”

我在工作室多次见到张艺谋的母亲，她半年住在北京，半年住在西安。老太太满头光亮的银发，保养很好。这位皮肤科大夫，皮肤有着高龄者不多见的细润光泽，眼神也透亮。我甚至看不出曾经的苦难留下的痕迹，她有种乐观、明亮而爽朗的东西，和她聊上一会儿，很容易感受到她的亲和与积极。我的嘴唇冬季干裂，带着破损的白皮，用尽各种品牌的润唇膏无济于事；还是从老太太那里拿到的偏方管用：用蜂蜜浸泡过的苹果皮涂抹。

那段暗指张艺谋不孝不义的电视节目，他不予置评，不在乎自己是否被冤枉。但张艺谋交代了庞丽薇一句：“不要告诉我妈，免得她担心。”事后，庞丽薇得知，老太太的研究生每天都帮她上网，这段节目她早就知道——担心张艺谋在意，她就没有提。知情的两个人，为了对方考虑，都不提此事。

在北京时，老太太喜欢跟着张艺谋看各种演出，不过，从来不坐在儿子旁边。她不喜欢被偷拍，也不喜欢宁静而低调的生活被打扰。这种不被打扰的低调到了什么程度呢？1932年出生的她老人家从未真正退休，即使已经八十多岁的高龄，她至今每年都有一段时间坚持在西安出诊看病，每周两次，每次接待的患者都在60个以上。此外她还有杂志社的任务，每月都需要审读皮肤科的专业刊物，这份工作直到2012年才辞去。

在北京看演出的时候，老人家通常是庞丽薇或其他人员陪着，坐在远离闪光灯的角落。我建议张艺谋陪着老太太坐在一起，哪怕一次，我说那些指责他不孝者就可以闭嘴了。张艺谋断然拒绝，依然是那句话："他们爱说什么说什么。"他死不吭声，死不辩解。

提到张艺谋著名的"死不吭声"，我忍不住多说几句。

有一天张艺谋提起："我妈老了以后，一件事情老是重复地说，你当然还得耐心地听着、陪着。"他想了想，"唠叨是不是老了的通病？我老了以后也得这样吧？怎么才能避免呢？"他停顿了一下，下了决心，"那时我只要把嘴闭牢，就不会唠叨了。不管遇到什么问题，我就告诫自己：闭嘴、闭嘴、闭嘴。"

张艺谋一方面是个话痨，他能连续十几个小时地说，长年如此；另一方面，对私人领域的事情，他的沉默同样到了匪夷所思的程度。冯小刚的电影《甲方乙方》里，李琦饰演的角色生动传神，面对严刑拷打，他"打死也不说"。在我看来，张艺谋才是这个角色在生活中的实践者，真真的"打死也不说"。当年与巩俐的情殇，他打死也不说；后来与张伟平的分裂，他同样打死也不说。薄冰履过、烈火煅过，舆论的拷问从来就没停止过，可他不说、不说、就不说！

张艺谋的行为一以贯之。即使谩骂和诅咒围绕他的名字，即使被颠倒黑白地诬陷，即使攻击手段赤裸而锋利，即使面对多么排山倒海的辱骂，张艺谋对此不加评述，立即聚精会神地接着谈剧本，没有停顿和转折，好像那个沦陷中的主人公并非是他自己。

我读过一本书叫《沉默之子》，里面有段引文这样描述："他们能做任何事、承受任何恐惧、对任何侮辱逆来顺受，然后立刻将它们归入他们的民俗、习惯、日常灾难中。是的，他们有将恐惧转变成日常仪式的天分。"当时我想，某种程度上说，张艺谋也有这种惰性。

与张艺谋合作，对我最大的收获，是我比原来能够承受委屈和误解。以前的时候，假设有人钱包被偷，明明与我无关，我也会脸红心跳，唯恐他人怀疑我。我干活并不惜力，只是受不得委屈，好像自己是只白鸽子，一旦发现翅膀上有个黄点，就扯着羽毛到处告诉别人：这是黄点不是屎！生怕被别人误解。现在，我比过去无动于衷，不再对负面评价反应过激。我明白自己不可能被多数人喜欢，明白自己必然面对反感和厌恶，但只要问心无愧，天高地远、水净沙明。

三

张艺谋绝非外界传言的唯我独尊，并非在傲慢的自负中渐失倾听和判断的能力；相反，他清楚自己的能力局限，勤于学习和反省。

我对张艺谋坦白："如果我不认识你，你现在一定是我最讨厌的人。"

他问："别人是不是一想起我的形象，就跟土财主似的，傻横傻横的。"我肯定地说："不仅如此，而且我觉得你装深沉。现在讨厌你的人，可能正是当初对你欣赏、鼓励甚至寄予厚望的人。原本很喜欢你的电影，后来你像坐滑梯似的走了下坡路——你虽然不代言任何产品，可成了灵魂堕落的典型。"

在文化界，与我观点一致的并非少数。私下谈起张艺谋这个人，我说他本质上还是善良，立即会招致周围人的强烈反应："不对吧，晓枫，你被张艺谋洗脑了！你的审美出了问题，判断严重失误，完了！趁早撤还有救，否则你会与张艺谋一丘之貉。"

我们的剧本创作每完成一个阶段，会请许多专家来提意见，张艺谋谓之"神仙会"。张艺谋虽是名人，但未必在什么圈子都受到追捧。我邀请专家，有时得到的反馈是："不，我不去，我不喜欢张艺谋。""给张艺谋提意见？他听吗？别装样子了。"最厉害的一次，是那位独立影评人说："讨厌他到了极点，我都不能看到他的脸。什么讨论会，见到张艺谋，我会控制不住自己去当人体炸弹。"

说起来是天下谁人不识君，多数人没见过张艺谋，我们已经认定他就是传说中那个骄奢淫逸而刚愎自用的家伙，代表封建、反动、投机与势利。我们并不关心，真正的张艺谋是什么样儿，仅凭媒体上描述的情节，我们就已料定自己神目如电，足够穿越阻隔看透X光下的张艺谋，看透他"皮袍下的小"。

我常常提醒自己，不要在潜意识里把某人推到深渊，以彰显我自身的正义，因为那是省力而一举两得的处理方法，简捷里隐藏着粗暴，所谓的公正里也包含了对他人的忽视和敌意。然而，知易行难，遇到具体的事、具体的人，我还是难逃窠臼，以公式化的二元论臧否，却自以为洞烛世相、利器在握。我们在他人之墓上建塔，是的，甚至不惜置人死地以标注个人的信仰高度。他若不那么混浊，何以显示我的清澈；他若不那么驳杂，何以显示我的纯粹；他若不那么低级趣味，何以显示我的高尚情操？我们坦然地使用牺牲品，以使自己成为傲世的胜利者。

坦率地说，若我拥有和张艺谋一样的声名，我未必能做到如他一样的平常心与谦虚。很多人痛骂获益阶层为富不仁，若他们自己聚敛了巨额财产，未必就慷慨仁厚。我们有时在倡导社会公正时，也不免夹带私货，抒发一番久不得志的怨气。张艺谋被塑造成一个独裁者，加之他的顽强和执著，在行为表现上与专断有着模糊的相似——但这的确冤枉了张艺谋。

每次开神仙会，情况都难以预测。有时听到的是重磅的褒扬，欣喜之下，我们难以置信；有时惨遭羞辱，本打算借他人的智慧行舟，结果我们就像借箭的草船全身插满受伤的箭镞。

《山楂树》就是一例。真正用于拍摄的剧本，一字一句都是天津作家肖克凡所著；但此前，我们准备上马项目时，用的是合作公司所提供的剧本雏形，用于讨论的，也是这个基础版本。分组研讨，从下午两点开始，每组四位神仙谈意见，大概两个小时，然后换下组接着谈，准备一直持续到晚上 10 点。那天到场的神仙们非常热心，多数谈完意见以后并不离席，他们接着倾听并参与下组的讨论。到了晚上，济济一堂，加上张艺谋、当时的编剧代表、我和记录人员，快 20 个人，就像吃火锅不断加凳子似的，密集地围满了会议桌。

那天也奇怪，我印象中，对剧本除一位态度赞许、一位保持中立之外，其他的，全是拿着各种兵器来砸场子的。张艺谋承认剧本存在各种缺陷，但开拍在即，“能不能死马当作活马医呢？”得到的答案依然是否定的，多劝张艺谋悬崖勒马，没好剧本宁可赋闲，也没必要给植物人做人工呼吸——他们认为《山楂树》不是白雪公主，被吻醒了也毫无姿色，噎死了毫不可惜。这场可以用“群殴”来形容的神仙会，张艺谋事后对美术部门形容：“哎呀，砖头砸得我睁不开眼睛。”

之所以能够形成这样的批斗会，因为能在现场感受到张艺谋的虚心，他无惧真话的打击力量——他怕的，倒是客套之下的不诚恳。我们请专家时也特别注意，张艺谋更欢迎那些直抒胸臆者，或褒或贬都发自内心。有些人出于教养或心机，出口之前已经对语言的分寸和尺度进行过精密调节，反而让我们如坠雾里，需要进行一番猜测和揣摩——实在心累，那是一种不必要的智力消耗。

有一次，我请中国作协的彭学明来谈剧本意见，忽然想起来他此前的评论文章，就问张艺谋：“彭学明批你的《三枪拍案惊奇》一钱不值，我想请他来提意见，你受得了吗？”张艺谋说：“我没事，看人家受得了受不了。万一想起我就恶心，人家哪有闲情逸致提什么意见？话说回来，要是彭学明真提出什么有效建议，让咱们的电影从一钱不值提到值了那么俩钱，也是好事啊。”果然，等彭学明来的时候，张艺谋果然没有任何不快，一如既往地倾听与请教。

每次专家提出的意见，张艺谋不仅认真记录，还让助手录入到电脑，我们事后要逐条讨论。有些意见虽然高瞻远瞩，但难以落实到操作，不得不舍弃；有些醍醐灌顶的妙招，打通了我们的任督二脉，顿觉气血贯通、气象非凡，我们就像呈接圣旨一样，立即照搬照办。电影粗剪之后，张艺谋也会组织极小范围的看片会，努力到撞线前的最后一秒，希望汲取到高人的智慧。

有一段，时间相对空闲，我建议张艺谋：“要不然，定期让有学问

长江文艺出版社北京图书中心·上海最世文化发展有限公司

重点书目：

青春文学

书名	作者	定价	书名	作者	定价
《小时代1.0折纸时代》	郭敬明	29.80元	《长日无尽》	玻璃洋葱	22.80元
《小时代2.0虚铜时代》	郭敬明	26.80元	《骑誓·蛊骑士的灵印》	陈　晨	19.00元
《小时代3.0刺金时代》	郭敬明	32.80元	《骑誓·十字骑士的诅咒》	肖以默	19.80元
《悲伤逆流成河》百万黄金纪念版	郭敬明	25.00元	《骑誓·精灵骑士的杰鲁修传说》	王小立	19.80元
《幻城》2008年修订版	郭敬明	23.00元	《骑誓·海渊骑士的破晓》	蒲宫音	19.80元
《N.世界》	年年/郭敬明	38.00元	《骑誓·龙骑士的千年誓约》	爱礼丝	19.80元
《夏至未至》2010年修订版	郭敬明	26.80元	《骑誓·蔷薇骑士的焚梦书》	卢丽莉	19.80元
《临界·爵迹Ⅰ》	郭敬明	19.80元	《骑誓·冰川骑士的第十二条规则》	陈奕潞	19.80元
《临界·爵迹Ⅱ》	郭敬明	22.80元	《骑誓·杀戮骑士的垂怜》	猫某人	19.80元
《爵迹·燃魂书》	郭敬明等	18.80元	《骑誓·丛林骑士的亡者征途》	自由鸟	19.80元
《下一站·伦敦》	郭敬明等	26.80元	《当我们混在上海》	叶　阐	26.80元
《下一站·神奈川》	郭敬明等	26.80元	《单人床上的忏悔》	叶　阐	26.80元
《我们约会吧》	郭敬明等	28.00元	《薄暮》	林培源	21.80元
《最后我们留给世界的》	郭敬明等	39.80元	《锦葵》	林培源	24.80元
《<最小说>五周年铂金特典》	郭敬明等	55.50元	《欢喜城》	林培源	24.80元
《收纳空白》	年　年	36.00元	《回声》	蒲宫音	19.80元
《琥珀》	年　年	29.80元	《远歌》	蒲宫音	22.80元
《告别天堂》2010年修订版	笛　安	22.00元	《光月道重生美丽》	自由鸟	19.80元
《西决》	笛　安	22.80元	《羽翼·深蓝》	自由鸟	22.00元
《东霓》	笛　安	26.80元	《小祖宗1.0魔术师》	自由鸟	24.80元
《南音（上）》《南音（下）》	笛　安	24.80元/册	《小祖宗2.0命运之轮》	自由鸟	24.80元
《芙蓉如面柳如眉》五周年纪念珍藏版	笛　安	24.80元	《白色群像》	肖以默	22.00元
《不朽》	落　落	22.00元	《昔夏杉树镇》	肖以默	24.80元
《须臾》	落　落	24.80元	《迷津》	萧凯茵	24.80元
《千秋》	落　落	28.80元	《燃烧的男孩》	李　枫	24.80元
《万象》	落　落	39.90元	《直到最后一句》	卢丽莉	24.80元
《尘埃星球》2009年修订版	落　落	22.80元	《蔷薇求救讯号》	卢丽莉	26.80元
《年华是无效信》2010年修订版	落　落	24.80元	《沙城》	雷文科	22.80元
《剩者为王》	落　落	26.80元	《云漂》	雷文科	22.80元
《寂静》	hansey	48.00元	《恋爱习题与假面舞会》	爱礼丝	22.80元
《四重音》	消失宾妮	22.80元	《微光世界》	小　皇	36.80元
《馥鳞》	消失宾妮	22.80元	《童年是孤单的冒险》	简　宇	22.80元
《孤独书》	消失宾妮	26.80元	《蒹葭往事》	林　汐	22.80元
《任凭这空虚沸腾》	王小立	22.80元	《第四人称》	陈　龙	22.80元
《陪安东尼度过漫长岁月》	安东尼	19.00元	《男友告急》	项斯微	22.80元
《橙—陪安东尼度过漫长岁月Ⅱ》	安东尼	28.80 元	《午时风》	野象小姐/舞小仙	24.80元
《这些 都是你给我的爱》	安东尼/echo	24.80元	《白夜森林》	舞小仙/野象小姐	38.80元
《痕记》	痕　痕	22.80元	《短长》	李　茜	24.80元
《大梦》	猫某人	19.80元	《贝类少年》	李　枫	26.80元
《荣耀谱》	猫某人	22.80元	《东倾记·神启》	琉　玄	24.80元
《浮世德》	陈　晨	24.80元	《东倾记·啸世》	琉　玄	24.80元
《双CHEN记》	陈　晨	24.80元	《桥声》	吴忠全	24.80元
《人间》	李锐/蒋韵	26.80元	《北城以北》	余慧迪	24.80元
《毒蜘蛛之死》	冰　波	26.80元	《最后一只猫》	张喵喵	26.80元
《后羿》	叶兆言	28.80元	《草样年华·壹》	孙　睿	28.00元
《神的平衡器》	陈奕潞	24.80元	《草样年华·贰》	孙　睿	28.00元
《天鹅·光源》	恒　殊	24.80元	《草样年华·叁》	孙　睿	28.00元
《天鹅·闪耀》	恒　殊	24.80元	《草样年华·肆》	孙　睿	28.00元

书名	作者	定价
《第一届"THE NEXT·文学之新"新人选拔赛作品集上》	郭敬明主编	29.80元
《第一届"THE NEXT·文学之新"新人选拔赛作品集下》	郭敬明主编	29.80元
《第二届"THE NEXT·文学之新"优秀入选作品集》	郭敬明主编	29.80元
《第二届"THE NEXT·文学之新"决赛优秀作品集》	郭敬明主编	29.80元

原创漫画

书名	作者	定价
《青春白恼会VOL.1恋爱零突破》《青春白恼会VOL.2少年相对论》《青春白恼会VOL.3高校大作战》	千靥/阿敏/爱礼丝	10.00元/册
《青春白恼会VOL.4摇滚特工队》《青春白恼会VOL.5 双面智多星》	千靥/阿敏/爱礼丝	10.00元/册
《小时代1.5青木时代VOL.1》《小时代1.5青木时代VOL.2》《小时代1.5青木时代VOL.3》《小时代1.5青木时代VOL.4》	陌一飞/郭敬明/猫某人	14.80元/册
《小时代2.5锋银时代VOL.1》	陌一飞/郭敬明/猫某人/李茜	14.80元
《受不了RELOAD VOL.1》《受不了RELOAD VOL.2》《受不了RELOAD VOL.3》	丁　东	10.00元/册
《梅兰芳外传–再见梅兰芳》《梅兰芳 卷一 梅之卷》《梅兰芳 卷二 兰之卷》	林　莹	16.80元/册
《小祖宗 VOL.1》《小祖宗 VOL.2》	夏俊/自由鸟	10.00元/册
《桃花刺身 上》《桃花刺身 下》	丁东/王羽	10.00元/册
《下垂眼》	王小立	10.00元
《王牌大助理》	阿敏/小叶/小青/meiyou	26.80元
《70分婚礼》	席　滢	19.80元

最世文化刊群：

刊名	主编	定价	刊名	主编	定价
《最小说》	郭敬明主编	15.00元	《最漫画》	郭敬明主编	10.00元
《放课后》	郭敬明主编	10.00元	《文艺风象》	落落主编	16.80元
《文艺风赏》	笛安主编	16.80元			

的人给咱们讲讲课？”张艺谋说：“我不想听那些高屋建瓴、其实是不着天地的浮夸之辞，白白消耗时间不说，我还得配合着笑脸和点头。要听课，不找造型大师，我们找有见解的人交流，更能提高个人的认识水平。”

那次，我请到两个游神散仙：一位是索亚斌，一位是史航。二人读书多，观影经验丰富，口才出色，他们上知天文地理，下知饮食男女，神骛八极，心游万仞……总而言之，把我们侃晕了。平常的话霸张艺谋同志，认真听讲，很少插话。等二位神仙挥手自兹去，送到门口的张艺谋回来就跟我说：“听了这二位爷的教诲，我真觉得自己什么也不懂啊。”他的表情绝非反讽，而是由衷感到自己不足的那种遗憾。回忆刚才的段落大意，张艺谋每当提及那两位至少小他一辈的神仙，他的称呼是“索爷”和“史爷”。

四

《归来》即将于2013年9月开机，倒计时的冲刺，张艺谋自己修改导演拍摄本。说张艺谋不会编故事并非公正，他擅长在良好的建筑结构上增砖添瓦。在邹静之剧本的结实基础上，他继续打磨，希望释放出新的华彩。张艺谋大约五天出一版新稿，我马上看，然后讨论，他再接着改。多少遍看下来，我有激赏也有死谏的时候。最后，连我也被甩在滚滚烟尘中，我再匍匐前进，也看不清他一骑扬尘的背影了。

临近开机的某天，我情绪压抑，焦虑渐增，晚上做梦与张艺谋争执。

我梦见看《归来》的粗剪版，有个细节出了问题，我提醒张艺谋，梦里的张艺谋无端指责我。等他离开，我独自留坐在机房外面泣不成声，我竟然活活哭醒。奇怪，梦里泪水汹涌，醒来以后眼角除了略带潮润外并无异样。我把梦里争执的情节，跟张艺谋发了短信，并提出无礼要求——因为我在梦里已遭受批评，所以严禁他在现实中再指责我。只有这次，我听到张艺谋的一句反驳："你也别指责我，也别给我施压了。"这个阶段，张艺谋不仅要面对电影，电影之外的秘密围剿也在紧锣密鼓地进行，他一直疲惫而无声地应对着。我由此感到自责，告诫自己少流露负面情绪，应该在团队合作中提供正能量。

可惜我的誓言没有坚持几天。《归来》开机不久赶上中秋节，我前去探班。到了拍摄现场，氛围凄风冷雨的，加了降雨设备——听说导演把有些场景改为夜戏和雨戏了。而我的观点是，此戏要按常态拍，不动声色，表面轻松都无妨，因为这部电影拼的是内力。不论是布景或表演，都不要夸张，内敛为好。我认为，所谓"煽"，不仅是动辄流泪和咆哮，只要"过了"就是"煽"，甚至玩冷峻，玩深沉，玩造型，都有"煽"的嫌疑。所以看到美术以黑暗和粗糙还原那个时代，我心怀抵触，气得一夜没睡，给导演发了许多条批评和指责的短信。

事实上，张艺谋并没有把电影拍成我想象的那种阴郁调子，可我在拍摄和剪辑过程中，都说过很多过激言论，不过张艺谋并未计较。

我这半辈子，最不顾及个人教养与对方自尊的难听话，几乎，都是对张艺谋说的；甚至在艺术标准发生严重冲突的时候，我的言论过激到人身攻击的程度。这与我平常显现的温和性格大相径庭。我想，一方面是因为自己本质鲁莽，张艺谋半表扬半讽刺说我"童言无忌"；另一方面，相处模式是在试探和磨合中逐渐建立的，张艺谋始终容忍和接受——

这点在所谓的名人圈里，稀有。

在南京《金陵十三钗》的开机宴上，陈其钢和我坐在张艺谋的两侧。有人提及直率，张艺谋对同桌人说：“我身边的这两位，说真话，不隐瞒，很可贵。尤其我们这种人，能够听到直言是非常重要的，否则得意后容易忘形。”

五

我做事丢三落四，每次旅游，都会遗失物品。有一次我到外省旅行，到了首都机场才发现家门钥匙落在当地了。可一路走了三四个地方，我想不起到底丢在哪家酒店了，只好麻烦朋友一一前去查证。过了数天，从三个地方分别寄来我的三样东西：家门钥匙、围巾和墨镜。我尴尬不已，决心痛改前非……然后，跋涉千里寄回来的墨镜半个月后就让我丢到台湾的桃园机场了。我忧郁地问同事们，自己是不是得了老年痴呆症。得到的答案是一致否认，他们说：“你不会得老年痴呆症的——因为还没到老年，你明明已经痴呆了。”

对比之下，张艺谋对自己的管理可谓井井有条。他原来的文学策划王斌先生曾说，张艺谋的行李收拾得比女人还细致——我猜，他打好的箱子整齐得跟特工的武器装备似的。我没有真正见识过，不过我可以提供支撑这个观点的论据。

2008 年奥运会后的冬天。还是在珠江帝景有限的客厅里，大家都穿得像北极熊，进门都把衣服放在一条长沙发上。张艺谋放在沙发上的羽绒服总是叠得有板有眼，天天看到他的棉服，都是样式和颜色的变化，而摆放的位置和状态纹丝不变。不像我们其他人，什么都跟棉花套子似的草草一堆了事。

张艺谋不乱放东西，都知道在哪儿。跟这种人工作，我的马虎和健忘难免受罪。如果半年前我答应过提供什么半页的概括，张艺谋就像个精密的计时钟似的，到点儿一定向你索要。经常在张艺谋的追问之下，我陷入模糊又混乱的回忆，白痴般翻着无辜而无望的白眼无言以对。张艺谋对我表达的常用语是："周晓枫啊周晓枫，你怎么这么糊涂？！"

尽管听起来，张艺谋显得很自律且刻板，不过与他合作，并非暗无天日。媒体刻画下，加上张艺谋兵马俑的表情，很多人印象中以为他无比严肃和沉重，成天苦大仇深，脸上布满木刻那样的阴影。其实他私底下擅长搞笑，很幽默。

六

张艺谋谈剧本的时候特别热闹，跟武打人物似的，带动作表演，满场飞。我默默搬开附近的椅子，既怕他碰着，也怕他殃及我这样临近的池鱼。尽管如此，有时在想象巅峰对决时，张艺谋会将一把模拟中寒光逼人的宝剑直接抵向我的脖梗。如果排演的是古装动作片，我一会儿脖子上架刀，一会儿在后背插剑，一晚上得死好几回。

有一次，张艺谋提到自己在国棉八厂的经历。半夜，主任还是工会组长什么的来找，说车间里一个患有精神障碍的工人犯病了，持刀跑出厂区，恐怕发生危险，号召大家一起前去寻找。他们一行人追到铁轨附近，列车正驶来，在车灯照耀的光柱里，惊见那个精神病人缓慢地舞刀，他一边用刀在胸前舞着八字，一边冷笑着等待车头临近。为了逼真展现这个场景，张艺谋一人分饰三角，不停切换，不仅演追踪而来的工人们，演精神病人，最出位的，他竟然还要同时演火车——从鸣笛到车轮运动，他满脸都是东方红火车头的表情。

张艺谋口才极佳，嘴皮子厉害。我在文坛的小圈子里以毒舌著称，和张艺谋对攻，甘拜下风。我提出："我们的表演一定要反对煽情，注意克制！为什么有的人物表情要那么剧烈，至于吗？跟话剧似的，坐在观众席的最后一排，都能看见演员的眉毛跳动。"他立即反击："你觉得应该怎么做？演员眼珠往左边转算一个表情，眼珠往右边转又算一个表情，你以为演的都是高仓健呢。"

张艺谋信口开河的时候特别好玩，具有传奇的概括能力，隔得遥远的事物，经常被他随手抓过来类比。比如，在讨论《巴黎圣母院》中卡西莫多的形象时，他总结，爱丝梅拉达相当于高级花瓶，对她的爱，卡西莫多需要突破的是生理禁忌，神父需要突破的是信仰禁忌。讲到爱情故事，他说：有许多关于灰姑娘和王子的剧情，或者相反，《泰坦尼克号》里是灰小伙和公主的故事。有次我们随口聊剧情，聊着聊着，让神仙眷属的周瑜和小乔被剑或箭给弄死了，张艺谋总结：咦，怎么变成了战争版的罗密欧与朱丽叶？

他擅长即兴混搭词汇，活灵活现的，似乎不合常规，但切中肯綮。如果要出去吃顿好饭，张艺谋说："让我们去补充一些精饲料吧。"从词语表达里，他也能够理解和体察到世道变化，他说："网络为我们增加了许多新词，同时大量的旧词已消灭了踪迹。像当年的'投机倒把'这个词已经消失了，变成了'商业智慧'。"

张艺谋有许多即发的奇谈怪论。比如他说："中国人把肝肠肺腑之类的内脏看得很重要，很庄严，同时对这些器官的破坏视作勇猛的气节，形容得都非常强烈，像披肝沥胆，像肝肠寸断。总而言之，下水表达是上限。"

讨论剧本时，张艺谋的脑子转得很快。我们七嘴八舌的议论，有时一个不经意的词，就会给他带来巨大启发。他策马扬鞭，绝尘而去，留下惊悸中没有反应过来的我们待在原地。只要给张艺谋一点点火药，他就能放一晚上礼花。

张艺谋强迫我们想情节，想主意，想招儿，但这绝非易事，因为张艺谋常常先给自己设死局，然后希望大家想法儿从窄缝里的一线生机里挤出去，得见豁然洞天。正因窄门如此狭小，阻隔了多数人，使得兀自闯入的幸运儿得享桃花源之妙——而这种幸运不常光临，我们多是被卡在窄门上，进退不得，呼吸困难，虽生犹死。那种时候，我真恨张艺谋为什么要把编剧和我逼上绝路，他为什么这么喜欢自我较量和玩命？张艺谋的口号是："我们不仅要揪着自己的头发离地，还要揪着自己的头发跳高。"说得轻巧，难道，他看不见我们明明已经把自己的头发揪掉、活活变成秃子了吗？没招儿了，我们只好幻想揪住对方的头发，让别人跳高……看起来就像泼皮打群架。

在张艺谋的压迫之下，我常胡言乱语，出的主意求量不求质，让他自己从中甄别。有一次，张艺谋认为主角行动的理由不充分，有些勉强；我觉得够了，只要再补充一点点外在原因的刺激就行，因而一再坚持、不断说明。张艺谋无心纠缠，他反问："反复说就能说服我吗？这个理由明明不够大，你把它抽得肿起来，它还是原来那个它！你以为肿成胖子，就算换了个人，就能蒙混过去解决问题吗？"

张艺谋勇于创意，他总说创意完成了就是杯子，破坏了就是不值钱的碎片。有时我的主意并不高明，仅仅是个方向，他又想着怎么变废为宝。张艺谋用这样的话鼓励我的创意："好，看看我们能不能把这摊屎变成一个油饼。"

是的，张艺谋在私下场合常有这样的重口味表达。聊起中国古典文学，张艺谋说："什么东西都怕量化。古代小说动不动就讲百万大军从天而降，可你想想，这一百万人每天拉一泡屎，一天都是一百万泡，他们都在哪儿上厕所啊，这一百万泡屎往哪儿搁？"后来，他还自言自语补充："这还不算闹肚子的。"我当时乐晕，觉得他想得还挺细，不过，百万屎量并非不科学，因为还有便秘患者来平衡闹肚子的。其实这件事既可以反映张艺谋的幽默，又可以反映出他的务实。奥运开闭幕式的组织工作更加强他的行事风格，凡事要量化，要落实，要变成具体的数字，不能依靠几个形容词的浮泛修饰。

七

张艺谋对艺术创作的兴趣，不仅只电影，还有京剧、歌剧和实景演出等——他尽量延伸自己的触手，将这些视为对自己综合的锻炼。

张艺谋的创意与众不同。“保时捷溢彩心”项目找到张艺谋，想让他做导演，拍一片关于乡村孩子的公益纪录片。张艺谋提出自己义务执导，不收分文，将资金买成 180 台 DV，直接发放给偏远山区的孩子们。在当地教师的指导下，孩子们用自己的眼睛观察生活，自行拍摄。纪录片的拍摄覆盖了 72 所学校，历时 10 个月，积累了 1000 余小时的珍贵视频。这部时长半个多小时、名为《180 台 DV 的故事》的公益纪录片，其中百分之九十的素材来自四川省苍溪县的两千多名孩子，反映了大量留守儿童的生活现状，表现力令人震撼。张艺谋表示，愿意投入这种公益活动，并且，愿意继续零片酬执导。

这个创意继续延伸。2014 年 12 月 25 日，张艺谋正式以北京申办 2022 年冬奥会主宣传片的总导演身份亮相。张艺谋邀请冰雪爱好者，拿起自拍神器，将素材上传至腾讯微视，他从中选取并剪辑。他认为，每个人对“冰雪世界”的理解是不同的，未必是极寒环境的地理面貌……一个画家笔下的雪绘图案，一个孩子勺子里的冰淇淋蛋糕，都是人们对“冰雪世界”的理解，都可以传达他们的心境、理解和体验。

他首次执导的京剧是《天下归心》，公演之前曾遭受戏迷们对他能力的怀疑，担心他过度注重华丽，使京剧流失它本来的韵味。张艺谋认为，京剧以纯粹而概念的写意来展现它的内敛之美，所谓“三五步行遍天下，六七人百万雄兵”；并且戏迷们主要是来听唱腔唱段、看演员唱念做打的，舞美上不能喧宾夺主，不能与京剧的简约美学发生冲突。我看了首场演出，叹服于张艺谋的想象力！最传统、最典型的道具“一桌两椅”，竟被运用得独特，形式上变化万千，加之皮影、水墨和宣纸等元素，用省俭的元素制造出丰繁的效果，但同时又非常克制和古典。效果出色的舞美布景，整个制作费用仅仅 30 万。

2014 年 8 月，受张和平之邀，张艺谋去参加 APEC 演出的创意会，本来是被叫去帮忙的。此前工作团队已策划了很长时间，方案是在鸟巢前面支起一个舞台，背景是 LED 墙。张艺谋第一次参会，但他立即发表了不同意见。张艺谋认为，这就相当于一起看“露天电影”，并无新意；而且“屏幕”挡住了鸟巢主体，“鸟巢作为背景”成了一个说法，其实在哪儿搭台子都是一样的。张艺谋提出，不把鸟巢作为背景，而是作为舞台主体，“化整为零”——把整块 LED 屏拆成小块直接挂到鸟巢的钢结构上。这个主意一出，大家激赏，拍案叫绝。后来由张艺谋担任总导演的晚宴光影演出，受到广泛的赞赏和好评。

X 光眼

一

张艺谋挑演员的本事，我领教并折服。

无论是《山楂树》还是《金陵十三钗》，想找到那个静秋还是玉墨，都费尽周折。副导演们奔赴各地，到各个艺校去发现可能的演员，拍摄回来影像资料，正面、侧面，近景、远景。给张艺谋放映海选短片，由他判断。

录像中的备选者很多，一一看过来，要很多个小时，张艺谋用快速放映模式搜索。这种方式的操作下，演员的图像一个个都被马赛克了，声音变成动画片里的卡通音。张艺谋觉得有可能的就按暂停键，观察一番，或继续快进，或记下编号进入“复赛”。我试了试，画面上的脸模糊错位，鼻子不是鼻子、眼睛不是眼睛的。张艺谋神目如电，能从一团破碎的格子中做出判断。

就是用这个办法选出周冬雨，还记得令我分外吃惊的那个瞬间。因为镜头里的周冬雨看不出什么出色之处，既不漂亮也不伶俐，也就是个路人甲级别的小丫头，太普通，怎么能想象让她来演主角呢？等到演员们来试妆，楼下跟理发馆似的，大镜子前坐着好几位，梳头的梳头，剪发的剪发，我根本就没认出周冬雨来。我想这下坏了，周冬雨太不起眼了，没星味儿啊！话说回来，就是张艺谋真看出周冬雨潜藏着的美又怎么样呢？淹没其中，她就像个酒窝却长在了麻子的脸上。

我第一次正式见到周冬雨，只有短短三分钟，事后我完全回忆不起她的五官。我准备离开会议室，正赶上《山楂树之恋》的几位主演进来，其中有窦骁和周冬雨。我心里那个暗淡呀，因为当时觉得是进来了几位财务人员，我甚至没感觉青春那种夺目的明亮，只觉得灰蒙蒙的四个人坐在了对面。瞥了几下，我低下眼皮叹息，撤了。不光是我的偏见。及至开机之后，剧组里还有许多摇头者，我们认为张艺谋选周冬雨演静秋，不可理喻。

等见到屏幕上的“静秋”，大大出我意外。青涩中的生动，穿着蓝色运动衣的周冬雨，小脸有种格外的俏皮。窦骁也好啊，白瓷瓷的牙，可以去做牙刷牙膏的广告，笑起来真明媚，让我这种心如止水的老阿姨都得承认小伙子确实有着形象上的蛊惑。我特喜欢这两个小孩儿，上映后的一天他们回工作室吃晚饭，我也搬把凳子去凑热闹。左边是周冬雨弯弯的两只笑眼，右边是窦骁晃眼的一口白牙，可爱呀！我一改以前的态度，说话和声细语，像童话里的狼戴上头巾成了外婆。

小冬雨干干净净，鬼马精灵，我越看越顺眼。我也当着冬雨的面儿直接告诉她，自己当初完全不看好她，没想到她会出落得生动。冬雨简直像在拍摄期间成长起来的，她的样子，有种独特的味道。

我最喜欢《山楂树之恋》里那场吻戏，周冬雨将那种害羞、心动和慌张表现得极为到位，我认为成熟演员难以把握如此精微的尺度。我后来才得知这场吻戏是怎么拍的。周冬雨本人就没有过初吻，需要在银幕上献出她的第一次。拍摄时，基本清场。小姑娘为了拍这个吻戏据说事先都哭了。等到实拍，窦骁和周冬雨吻过之后，张艺谋并不按剧本上规定的那样停机，摄影机继续转动。两个刚刚拍完吻戏的年轻演员没听到停机口令，只能留在戏中，不知如何收场，在不知所措中难以互相面对。张艺谋就让那种不好意思的尴尬、狼狈与失措延续着，正符合初吻后的心理状态……直到窦骁的表情让周冬雨笑了，张艺谋才喊“停”。这一段吻戏表现得生动自然，是我特别偏爱的一段。

冬雨的小模样，让我毫无当初的抵触，也让我格外佩服张艺谋的先知先觉。我跟张艺谋说：“以后你随便从大街上拉个卖冰棍的演主角我也不拦着了啦。”冬雨翻了一个小白眼，反问：“啊，我有那么惨吗？”

可惜，我不接受教训。等到《金陵十三钗》选角，我又觉得张艺谋脑子进水了。

二

为了找到玉墨，副导演们北上南下的，希望发现一个英语好、有潜能的南京女孩。听起来并不难找，泱泱大国，还没几个水灵姑娘？何况英语教育如此普及，料非难事。谁知道，第一眼让你觉得有戏、第二眼让你觉得没劲的居多，经不起推敲和品味。众里寻她千百度，蓦然回首，那人就是不在灯火阑珊处。日子过得飞快，我们一筹莫展。

正在无望中徘徊，副导演蒲纶兴奋地报告：终于发现一个苗子！此后很长时间，我们并无 B 角，只有倪妮一人，准备用来独挑大梁。虽然秘密培训已经开始，但我没见过倪妮；我想象，能达到玉墨角色要求的，必美艳惊人。

过了一段时间，导演看倪妮表演的录像小品，我正好在旁边，重新经历了当年的失落。倪妮饰演一个发脾气的小三，大意是寻求上位，正在向男人表达种种压抑和不满。素颜，一般人，使劲看我也没看出好儿来。当初让周冬雨演静秋，我勉强还能理解和接受；可玉墨是秦楼楚馆色艺双绝的头牌，她的美，必须震慑人心，她的眼锋，必须拥有征服一切的力量。这位传说中的倪妮，哪里能够做到？指望她来演绎万种风情，完全是痴人说梦。鉴于上次对周冬雨的走眼，我虽没看出倪妮的姿色和演技有何动人，但没有冒险表态。

见到倪妮本人，果然。不是一块石头落了地，是怀疑的问号像个大铁钩子“咣当”一声沉在心里——唉，不过尔尔。

但我随后被倪妮的表演所打动。算是进入复试的倪妮，这次新录了个小品。她演的是从远方赶回来看望重病的外婆，没想到外婆已撒手人寰，她将如何传达内心的伤痛？震惊、呼唤、落泪什么的，不出预期，我理性地观看录像。当时一屋子有十几口人，都集中在珠江帝景的客厅里，七嘴八舌，议论着倪妮的表演状态。过了一会儿，我预感自己的情感被触动，因为不好意思当着那么多人落泪，我借口从客厅躲进剪辑室，不看了。

没想到张艺谋在外面喊：“周晓枫，你过来看看她的表演水准。”我装作若无其事地出来，靠在离电视最远的那面墙上看。此时的段落，我以为倪妮会撕心裂肺地爆发情绪高点，没想到，倪妮安安静静地躺在饰演外婆的演员旁边，然后俯在她的耳边，以极低的音量，开始轻唱一首童谣。这下我可受不了，无声泪奔，肩膀颤抖，几近失控；同时我还是不想被众人发现和笑话，希望能及时掩饰起自己的狼狈，所以胸腔憋得难受。助理晓晖一回头，看到我稀里哗啦的脸，不禁大叫。这使我难堪地败露在全体同志面前，而且这些都是孩子，只有我属于德高望重的阿姨级别。当时害羞得我呀，无动自容。当然，张艺谋同志当时也毫不犹豫地出现在嘲笑我的队伍里。

我以为是倪妮自己设计了这样点到痛穴的唱歌情节，后来副导演告诉我不是，是辅导表演的电影学院老师设计的，是考验演员的常规节目，并非原创的新意。我真是没有见识，被一个套路搞得泪如雨下、死去活来。

有一天我从会议室下楼，迎面看到个复古美人，惊艳啊！头发微卷，红唇皓齿，纤长微弯的睫毛下双瞳剪水。她身姿摇曳，无限风致，隔着一臂之距，飞过来一个荡漾的眼波，她半慵懒、半娇媚地叫了声："晓枫姐。"

我晕了，就像刚刚服用了蒙汗药，挣扎着要恢复意识。仔细看，我的确不认识这个蛊惑众生的尤物，茫然中不知如何应对。尤物俏皮地微笑歪头，像是责备我的冷淡，然后说："我是倪妮。"这是首试妆容的倪妮，这是崭新而令人信服的玉墨，楚楚动人地，站在我面前。

三

倪妮，素颜时是个邻家女孩，盛装时明艳照人。这种清晰而强烈的反差，我在 2012 年去柏林电影节时再次体会。

在柏林上映《金陵十三钗》的当天，我见过素颜的倪妮，这个肤如凝脂、身材修拔的姑娘，穿一件短款绿色羽绒服，清新可人。几个小时之后，走红毯。深冬的柏林，夜晚的气温低至摄氏零下多少度，演员们却穿得露胳膊、露腿儿、露整片儿或半扇儿的后脊梁。只有我裹成棉花垛子，保安拉开车门的时候吓了一跳，等他难以置信地后退半步，我就像刘翔一样飞快掠过红毯，溜进剧院里了。没想到刘恒比我还快，他像平日一样，穿深蓝色棉衣——至于电影节的服装要求嘛，刘恒说过："我摘了帽子就算正装。"。红毯上的倪妮穿了一条 DIOR 的定制礼服，幽蓝色的底子，上有羽毛缀饰。尽管媒体发出来的照片，效果乏善可陈，但我曾近在咫尺凝视当晚的倪妮——柔和的光线里，她的样子，足够，颠倒众生。我怎么也想象不出，妆容之后的她，莞尔一笑，这般倾城。活动结束后，我再次见到在歌苓家聚会时的倪妮，略带妆容和慵懒，映着跳跃的火光……我彻底屈服于她的魅力，那一刻，形容倪妮的美惊心动魄毫不为过。

倪妮刚出道的时候，我觉得她的特色不突出，比较模糊。后来，她陆续出演电影，并拍摄了许多封面和广告，我不仅能一眼辨识，觉得她能从众星中脱颖而出；而且，我的注意力还会长久停留在她耐人寻味的小脸和比例出色的身材上。真是个别具风情的姑娘，既是好演员，又是好模特。

在选择演员方面，张艺谋有着特殊才能，令人服气。他具备一双摄影机的眼睛，能预知镜头里的表现，而不忽略生活里的样子。凡人如我，一叶障目，经常难以理解张艺谋的选择。周冬雨和倪妮的例子，让我哑口无言。此后我对选择演员依然发表个人意见，但碰到新人，我基本不表态。

张艺谋会看人，不仅限演员。他的助手庞丽薇，公正而包容，这是他身边最为重要的工作人员，现在是张艺谋公司的总经理。庞丽薇学国际贸易出身，转行做张艺谋秘书之前，并不具备这方面的经验和资历，但她宅心仁厚、冰雪聪明，很快得心应手。张艺谋看人准确的例子，在庞丽薇这儿也是一个证明——当年 PASS 掉 80 名应试者，张艺谋一眼挑中庞丽薇。

四

张艺谋最厉害的眼光，还是当初选中演《红高粱》的巩俐。

那天，我竟然会心跳，因为巩俐要来工作室。

和张艺谋工作数年，前前后后见过许多演员。可能因为有张艺谋这个名人挡在前面；可能是离开聚光灯和美妆华服的辅助，明星们平凡了许多；也可能因为我心如古井，看谁都跟老僧入定似的，波澜不起，麻木不仁。

巩俐，是我多年来唯一的例外。说心如鹿撞，显得太煽情，但我确有乱脉之相。随着倒计时的临近，我甚至紧张。我很喜欢巩俐的样子，她年轻时，从样子到神情都有点像山口百惠——气质独特，那种美，安静又微妙，却能令人内心形成瞬间的风暴。

巩俐未成名时，我最早是在一部电视单本剧里见过她：穿着泳衣，忘了是不是围着浴巾，正和戏中的男朋友说话……她真漂亮，通体发光。像突然照彻的闪电，我几乎是在震撼中记住了她的美貌。不久，在中央戏剧学院的胡同附近我见过她，印象中骑一辆自行车，穿红衣服。不知道那天什么原因，还是她平时就那样，化了妆，浓艳，可我还是一眼认出她。巩俐骑车的时候大大咧咧的，一闪而过。

由于经历数次全麻手术，我的记忆破损严重，健忘得达到滑稽的程度。多年后，我怀疑自己有无那种幸运，那辆自行车上的红衣女郎到底是不是巩俐？可我又很难相信那不是巩俐，除她之外，还有谁具有这样的能力，只惊鸿一瞥，我就被电击般灼伤这么多年？

此前巩俐已到工作室试过冯婉瑜的老年妆，拍摄了录像片断，张艺谋让我看看效果。她在短片里谈不上好看，一副被岁月摧毁的样子，面容呈现中年的衰老与松懈，心态上也传达非常准确的年龄感，绝非表皮上的皱纹和斑点之功。表现力太厉害了，她从眼神里波光流转过渡到神情愚痴，只在区区数秒之间。尤其那种呆滞，我心存痛惜，因为怀疑，那就是巩俐的真实现状。她自然的演技令人彻底信服：这就是一个脑子出了问题的女性，这是冯婉瑜！我毫不犹豫表达自己的意见："就是她！除了巩俐，没人能演好这个角色！"但同时，我也在遗憾之中：女神，岁月无情，你都这样啦？

五

她来了。

问题是，真实版的巩俐怎会如此年轻？脸上有种贝壳色的隐约反光，穿着随意，灵动俏皮。我觉得巩俐是个非常吃亏的演员，上镜以后，膀大腰圆，容易带来胖、老、松的“大妈”错觉；而她本人，我远没想到如此苗条、紧致，甚至还残留着一种奇怪的未经磨损的少女气息。巩俐本人瘦得像一根分针——失去时针陪伴的分针，你不能从中了解秘密流逝的时间，因为一切，无着痕迹。我惊讶于那种不合逻辑的年轻，在心理上不知为什么就觉得自己是她的长辈，我说话的语气里都带了几分慈祥。

巩俐太奇怪了。别人是描画出的天仙，她素颜最漂亮，那种天然的美与光泽非常夺目。我后来在手机里一直保留着她在 2014 年春节在济南的街拍，巩俐戴个粉红兔耳，小脸精湛，笑容璀璨……毫无修片的手机照，青春得匪夷所思。她发来的微信，三张拼贴，从这张济南街头少女般的街拍，到性感妖娆的封面造型，再到冯婉瑜沧桑历尽的老年造型，其年龄跨度之大，难以置信几乎摄于同期。三张照片，从面容光洁的巩俐到满脸沧桑的巩俐，她淘气地发来注释的标题：“我的未来不是梦”。

能感觉巩俐随意随兴的一面。《归来》开机那天，她来得最迟。剧组里之前就有人说：“这可是开机仪式啊，巩小姐别一会儿穿着运动装就来了。”不幸言中，一会儿，巩俐就穿着最普通的灰色运动装，几乎没化妆就来了——刚刚度假归来，仰着一张晒出雀斑的小脸。就感觉是个涉世未深的小姑娘。一看巩俐的悠闲，就知道她的迟到不是初犯。

我以前也领教过她的迟到。巩俐第一次约我在四季酒店商谈剧本走向，明明说好上午九点半，我活活等到十一点多，她才姗姗来迟，害得赶去开会的我来不及吃午餐。巩俐的表情怡然坦荡，没有道歉的意思——但绝非傲慢，只是，不在意而已。事后证明，当我意外迟到，等待的巩俐，表情也是一样的怡然与坦荡。

巩俐的声音里有种懒洋洋的性感，感觉有种小脾气，有种无拘无束的散漫。巩俐的确很有个性，她不爱干的事就不干，甭管是谁，很难强迫她。然而，巩俐没有和她的美相匹配的任性，她骨子里做事极为认真。

有人把巩俐形容为“干净的性感”。也许正因她天性上依然有种坦诚和天真的东西，这种魅惑让人难以抵抗。我根本是没有原则地偏爱巩俐，全部妥协，没办法——她是那种爱或被爱千百次都觉得应该和不够的人。

我本来甘愿为这种人抱有更多的宽容，但巩俐根本用不着那份额外准备的耐心，因为这是个聪明懂事的姑娘。

六

巩俐之所以迷人，不仅因为长相。有些演员在观念和表达上乏善可陈，让他们谈角色理解，几近奢求。他们是等着导演来指挥的表演工具，很难指望他或她有什么出色的过人展现。凡是颇具创意的演员，甚至能挑出编剧或导演方面的种种漏洞的，他们往往是行业翘楚。

原来的剧本设计中，留给巩俐的表演空间有限，尤其“文革”结束之后，患病的她除了犯傻就是犯傻，让我们无计可施，很是犯愁——难道巩俐每每只演一张“扑克脸”吗？有时实在没辙，张艺谋说：“干脆让冯婉瑜闭上眼睛睡觉吧。”巩俐来谈剧本的时候，向我们明确表态：“凡是让闭眼睛的戏，我都会想办法把眼睛睁开，我才不闭眼睛演木乃伊呢。”

巩俐为冯婉瑜设计了许多主动的行为，来丰富人物形象。是她想出了举牌的主意，从写大字到钉木头的动作，这不仅让人物更有层次和立体，也使电影的结尾具备了哲学上升华的可能。

巩俐的表演功底既出自天赋，也出自严谨扎实的创作态度。《归来》开机之前，她自觉联系太阳宫的敬老院去体验生活，并去上海看望患有与冯婉瑜相似病症的黄蜀琴导演。经过实际观察的巩俐回来告诉我们，情节设计有问题。原来的安排，是陆焉识为了唤起往昔记忆，想方设法安排冯婉瑜做这做那，巩俐说："这种'好人折腾病人'不符常情；实际上是病人折腾家属，有病的人折磨没病的人——也就是说，陆焉识围着病人冯婉瑜转，因她的好坏而起伏。"

巩俐还提出，原剧本里的冯婉瑜太冷漠。看望黄蜀琴导演后，她发现，患有失忆病的知识女性，为了掩饰受损的自尊，通常逢人便微笑，甚至装作认出熟人的样子，来减少心理上的尴尬和难堪——所以，冯婉瑜经常是温和的，礼貌的，微笑的。

在整个《归来》拍摄期间，巩俐都刻意保持着某种角色需要的"自闭"。她对每一秒的处理都不粗疏，仔细设计冯婉瑜的面部表情和动作幅度，甚至步态和脊椎曲度这样微弱的细节都不忽略。巩俐自己不看监视器里回放的镜头，从影至今，都是她的独特习惯——我不知道原因，不习惯那个镜头里另外的自己吗？在拍《归来》时，她偶尔瞥了一眼监视器，发现自己的背稍稍挺直了一些，巩俐马上能够意识和调整，并请在场的化妆师注意，一旦出现这样情况马上提醒自己。

巩俐对电影的直觉好得超乎常人想象，不仅表演，还包括剪辑、音乐等多方面，她全程跟进《归来》的创作，提出许多重要的修改，对整个电影来说功不可没。虽是一个不折不扣的美人，但在创作上，巩俐从不利用自己的美来撒娇和偷懒。她同时是个聪明人，但有种纯朴的东西始终存在，使她的聪明不落入俗套的精明。她为了电影，可以最笨地花费时间和精力。当年为了拍好《艺伎回忆录》里一个扔扇子的动作，巩俐坚持练习，每天在房间里扔一千遍。我以为事有所成者，必有这样顽愚的一面。就像张艺谋、刘恒、严歌苓……成功的公式同样，都是聪明人肯花笨力气。

巩俐的智慧和她的憨朴同时存在，所以才与众不同。我甚至觉得，聪明可以让人成为一个不错的演员，但要出色，必须结合着笨拙——那种天然而混沌的"傻"里，有一种认真的韧性。

七

第一次见到巩俐真人那天，我就对她印象很好，因为一个极小细节——除了她，我没见到别人这样做过。

剧本正在进行时，直到电影上映之前，剧本都是至关重要的核心机密。我们谨小慎微，唯恐有所闪失。过程中，我们都会请来许多专家或同行前来评判和指导；临近开机，演员和各个职能部门的工作人员也会越来越多地参与进来。我很庆幸，自己从来没在剧本的保密方面有过重大闪失——只有一次，吓得我魂飞魄散。

我们请文学评论家孟繁华来提意见。他当天上午有文学研讨，不知道老先生中午是不是喝高了，下午找到张艺谋工作室附近的咖啡馆开始读剧本。读罢，思考过后，老先生晃晃悠悠提前来到工作室。我们又喝茶又闲聊的，一直等到六点多钟和张艺谋预约的见面时间。孟老从容地掏出公文包……完了，里面空空如也！两个小时前，他就把剧本落到咖啡馆里了。数年来，我们从未出现过如此可怕的疏忽！我当时头大如斗，麻了脚爪，除了仇恨地盯牢他以外毫无作为。孟老返场及时，多亏运气好，他跑回咖啡馆里找到了遗落的剧本——我对他的态度，也由愤愤不平转为耿耿于怀。孟老孟老，不要不服，你知道巩美人是怎么做的吗？巩俐特别细心地，把剧本封面的《归来》两个字，用不干胶条仔细粘住——为电影做好保密措施。

她善良，替人着想。不是那种装饰性的不断需要彰显给观众看的善良，她怀有对他人的温暖好意与感恩之心。拍戏期间，我去探班，看到桌上的点心和零食——剧组的工作人员说，这是巩俐给大家准备的。至于太阳宫那个她曾经深入生活的养老院，巩俐并未忘记，她向乐视公司提出：由自己出资，请他们安排，为那个敬老院的老人、家属和医护人员放映专场。

有一天我们电话沟通事宜，她得知我发烧，立即提醒我去医院，免得重蹈陈道明拍《归来》期间由于疏忽患上大叶肺炎的覆辙；而且她第二天再发微信，问我状况。问题是，我当时对她来说，只是短暂的合作者，算不上勾结紧密的朋友。

仅仅因为我对剧情和她的角色有一点点微不足道的贡献，关机之后，巩俐约，请我吃法餐。那天我正好扎针灸，估计得晚上八点半以后才能完事。她说没关系，等你。

我心中起疑，她不是应该极度注重身材吗？过午不食才对，怎么能在深夜开始吃法餐呢？也太不像话了。谁知，她老人家比我设想的过分多了。吃过开胃的沙拉以后，服务员为她摆上的刀叉吓我一跳，这是要干什么？这家伙竟然为自己点了羊排，太令人发指了！要知道，那时候已经快十点啦，破罐破摔都没有这么狠的摔法！好在，我们聊天时间长，她也是眼大肚子小，询问过后，知道厨师还没有做，她把羊排取消了。然后，巩俐坦然地换上了巧克力甜点，伴随着一杯十点半才开始喝的黑咖啡。我知道她不会天天如此，但这种轻易的放纵态度还是吓人一跳。

我感慨地说："你也太不爱惜自己啦。我要是你，每天早晨起来五点就起来让人家给我涂指甲油，然后一边一个，我让俩丫鬟架着自己的两条胳膊，我就这么骄傲地昂着脖子，整天啥也不干、谁也不理。"坐在巩俐对面吃饭，我偶尔数秒走神，因为她的美貌、温情和生动。

晚餐结束后，走到外面，巩俐的越野车停得比我远。她穿着灰呢的百褶超短裙，露着两条鹭鸶般的优美细腿……我不放心这么蛊惑的她独自走到停车场那端，执意相送；而她非要让我先上车，然后只身穿越夜色。这个颠倒众生的尤物，斩钉截铁、直眉瞪眼地表达："没事儿，我可鲁了！"

八

不娇柔，不矫情，不做作。所以她的美特别有力量。巩俐并不跋扈，但她气场极强，无论是在拍摄现场还是出席各种活动，只要巩俐一出现，我花开后百花杀。

巩俐做事有主意。《归来》上映宣传期，某杂志准备邀她去巴黎拍照。她说："去那儿拍干吗？跟电影内容毫无关系！要拍，就在唐山外景地的那个火车站拍。”后来的方案就是按照她的想法执行的——巩俐站在那里，是与冯婉瑜迥异的形象，在那种说不出凄凉还是温暖的黄昏光线中，在那种说不出辽阔还是孤况的铁轨与站台上，她孑然一身，拎着流浪者的巨大行李，瘦得像只神秘的蜻蜓。

巩俐身上既柔肠百转，又有凛冽、决绝的一面。她竟然在《满城尽带黄金甲》里，把“整个拍摄和宣传过程中拒与张伟平夫妇见面”签到合同里。张伟平之所以得罪巩俐，说来话长。其实，张伟平得以认识张艺谋，还是因为巩俐。

张伟平认识某位朋友，某天得知这位朋友正和张艺谋、巩俐在一起吃饭，想要过来。张伟平后来的这位太太也姓张，是巩俐影迷，喜欢巩俐已久，希望来见个面——她拿出厚厚四本剪贴簿，全是关于巩俐的，想让巩俐来签个名儿——这得花费多少时间和心思，才能累积这样的成果啊！巩俐深受感动。那时没有手机，他们互留的联系方式还是 BP 机。后来有一段时间，巩俐和这位当时并无名分、后来得以转正的张太太走得挺近；张伟平也算近水楼台，渐渐，变成了张艺谋的兄弟。

最初一面，张伟平他们并无潜伏的居心，这只是一次影迷去见影星的会晤。媒体后来的传说中，张伟平的背景是房地产大亨，非也。张伟平原来是北京第四医院的进药员，好像医院现已更名为普仁医院。药房需要什么药品，张伟平就前去采买——说药剂师是个好听的说法，因为张伟平没有接受过高等教育，听说高中没有毕业，所以他并未真正取得这样的资格证书；而后来的这位张太太，当时是西门子公司的办公室秘书。从世俗学的出身和实力论，并不具备什么“贵人”的资格去拯救张艺谋。只是，张伟平的哥哥在海关工作，有些便利，西门子公司后来聘用张伟平为报关员。那时的电影胶片需要拿到国外冲洗，进出海关，有个熟人，在通关时方便些——张伟平说自己在这方面，可以给张艺谋他们帮忙。是在认识张艺谋之后，张伟平和这位后来的太太分别辞职。他们先是成立了一个卖水产海鲜的公司，后来生意没做起来；也做过盒饭，提供航食之用，不甚了了；他们从未从事过房地产行业，只是倒腾过手里的若干套房子。经商并不顺利，张伟平夫妇改了主意，觉得跟着张艺谋、巩俐他们做电影不错，开始越走越近。

事情的性质，慢慢发生了演变。张艺谋身上的弱点显而易见，而巩俐，比他更会待人处事，也更有决断力。对获利者来说，巩俐在张艺谋身边，是个绊脚石。

当年，有个汽车比赛，由黄和祥的公司赞助，邀请巩俐。巩俐不想去，还是听从张艺谋的建议前往的。巩俐觉得自己不认识参与活动的那些人，带个朋友去，不尴尬，不冷场，就带了张伟平这位准太太一起去。是在这天，巩俐认识了黄和祥，她出于社交礼仪与赞助商的正常跳舞，数年之后，这幕场景被这位准太太描述为贴面状态的挑逗。

当张艺谋心里有了芥蒂，他却什么都不说。发现张艺谋与巩俐之间有了轻微裂痕，张伟平夫妇表面安慰张艺谋，继续每天以劲曝揭发为主，在张艺谋面前没说巩俐好话，捏造种种谎言。巩俐渐渐被说成早就心有别属，背着张艺谋暗渡陈仓，描述历历在目的场景，且向张艺谋宣称，都是亲眼所见。张艺谋这人是个异数，内心剧痛，却没有问过巩俐一句，没有进行必要的交流——匪夷所思的是，直到这么多年之后的今天，他和巩俐都未交流过此事。张艺谋从没有动脑筋想想，巩俐若是暗通款曲，为什么打一开始，都要带着张艺谋的眼线，让他们旁观和监视自己的作为，以便情景再现地向张艺谋汇报？这完全是不合逻辑的。然而，张艺谋当时笃信张伟平他们，他既不舍情感，又不愿因自己的存在而影响巩俐移情后的未来，处在内心的自我折磨之中。

巩俐不明就里，不了解真正的症结所在。与张艺谋八年的情感，顶着那么大的社会压力，熬到有机会可以终成眷属了，她的内心自然是期待婚姻的。当巩俐表达结婚愿望的时候，张艺谋却未触及核心的分歧，只是回答“不着急”。闻听此言，巩俐的心一下子就凉透了，她并无辩解，显得若无其事，但也误会了张艺谋——原来，人家没把你巩俐当回事；你所珍重的，在对方看来，根本不是作为归宿的爱情。巩俐说，得到这个回应，她的感觉全变了：这份情感原来如此不可靠，令她突然而彻底地丧失了安全感。受了内伤的巩俐，想找一个爱惜与呵护自己、并愿意结婚以给她家庭温暖的人。黄和祥温和体贴，愿意为巩俐提供了避风的港湾……这就是巩俐曾有的那段婚姻。

张艺谋和巩俐个性不同，但他们都有着内心的骄傲，不是那种能够低声下气哀告的人，宁可承受痛苦，也不肯多做追问和解释。分手，两败俱伤。尽管张艺谋三缄其口，但从我的个人判断，这件事还是产生了破坏性后果，改变了张艺谋的行为方式和情感轨迹。

张氏夫妇对巩俐有所忌惮，此举，算是拆除了张艺谋的一道防卫系统。他们出自这样表达的策略：“张艺谋，你看，周围不是坏人就是负心者，只有我们对你肝肠相照，为你挡风挡雨挡枪挡炮。”

后来得知真相的巩俐大为震动，张伟平夫妇的谎言击破了她的个人底线。巩俐从愤怒到鄙夷，坚决远离，绝交。所以巩俐才会在《满城尽带黄金甲》的合同里，明确注明，拒绝见到张伟平夫妇，如果她去现场或宣传场合，不允许对方出现或存在，否则视作拍摄方违约。合同果然就是这么执行的。制片人果真，就没敢露面。

《归来》的拍摄结束以后，巩俐跟我聊天，偶尔提及一句：她当初全部心思都在张艺谋身上，根本不可能初次见面就情挑黄和祥；而且按张氏夫妇的说法，既然她早已与老黄好上了，何必去找张艺谋“求婚”？糊涂且缄默的张艺谋，分手近二十几年之后，他才反应过来，自己中了圈套。

为什么演员在旧社会被贬称为戏子，因为有些从业者带有不好的行业习气——“一把活儿”的买卖，容易让人急功近利；察言观色，看人下菜；失意卑贱，得意猖狂；油嘴滑舌，装傻充愣；相逢开口笑，过后不思量。这些演艺圈易染的毛病易让人轻视。

只有心怀诚挚与敬畏者，才能真正把表演上升为艺术。巩俐之所以难以匹敌，正因为，她在戏外不演戏——唯此，才能演好戏里的戏。正因如此，巩俐不仅令人爱慕，最重要的，她令人尊重。

九

说说与张艺谋合作的男演员。印象最深的是陈道明。

演员多是临近开机才进组，剧本几近完工，也是我工作收尾的时候，所以和他们一般接触不多，照个面儿而已。陈道明和巩俐不同，早在刚刚买到《陆犯焉识》的影视改编版权、剧本还没影儿的时候，张艺谋就和他们初步探讨合作意向——他们是从零一起出发的人，自然接触多些。

我第一次见到肉身版陈道明是看话剧《喜剧的忧伤》。有个动作是他脱掉外衣，只穿一件挺拔的白衬衫——这个表达略有病句之嫌，可我不知道怎么表达，才能传递出那种身材形成的效果——舞台下，异口同声地“哇”，没有任何人指挥，这个“哇”声如此整齐、宏大，几乎让感叹者不好意思，因为，它完全是失控地脱口而出。这个上升的分贝里，也有我的个人贡献，我也是“哇”之后才意识到自己出了那么大动静。

我原本不觉得陈道明在广告上有多迷人，总觉得他有点拿腔拿调，包括影视作品里，造型感稍重。我喜欢购物，低头抬头，哪儿哪儿都看见他在明晃晃的橱窗里，握牢一块奢侈手表或高级剃须刀，以一种嘲讽或冷峻——总而言之，绝非浪漫温情，而是严苛的批判现实主义眼光表达着对我这种物质狂徒的某种谴责。我懊恼又对抗，凭什么你作为高大上的代言人能那么无辜、那么置身事外、那么冷眼看俗世，我作为普通的消费者却难以克服轻微的犯罪感？就买、就买、就买！

等到近距离接触，发现陈道明穿戴的确并不太讲究，甚至太不讲究。他开始谈剧本的数天，每天都到工作室：穿同件衣服，没换。一点儿不西服革履，运动款，就像刚从体育场过来，简单的黑，有白色的装饰条。整周，他都这样，比上班族的换装频率还低。

站在一起，我才发现有陈道明比臆想中高多了，而且，虽消瘦，但身材修拔，难怪他一脱就让观众“哇”。户外运动让他晒得很黑，仿佛缺乏对皮肤应有的妥善保养。我提醒：“你好像不怎么注意保护你的姿色啊。”陈道明反诘：“我不需要保护姿色，我只需要保护角色。”角色中的陆焉识，在艰难的生存环境里有过多年体力劳作——陈道明那段时间持续打高尔夫球不采用任何防护措施，为了把皮肤晒黑、晒花。陈道明说，化妆效果跟脸上真暴皮和感觉是不一样的。他竟舍得，活活糟蹋、祸害自己，以期进入角色。

他做事认真，不阿谀，同时散发一种不羁。以至于我的女友职场精英李天田，因为参加剧本讨论会见过陈道明之后的数天，都处于一种后遗症般的丧失理智的晕眩里，她扬言要把陈道明的影碟买全，一帧一帧慢动作地看，定格地看……累死陈道明。哎呀，晒黑的陈道明，迎来一个白痴；晒花的陈道明，迎来一个白痴般的花痴。

十

“焉识”，两个带有文言色彩的字儿，翻译过来是“怎么能认识”的意思，和电影故事的主轴线索一致。想想有书卷气的中国中年男演员，外形上不好找到比陈道明更合适的人选，因为陈道明真的看书。有一次媒体采访，拍摄到张艺谋桌上有本王安忆所著关于小说写作的书，误以为是张艺谋的书案读物——其实是陈道明带去的，并且念了其中划了道道的段落与张艺谋分享。

文艺圈评介陈道明是“高冷范儿”，言下之意，他有他的傲气。钢琴、绘画、书法、写法，还有捏糖人、做面人、裁衣服、缝皮包，乃至下棋和高尔夫球，这人都会……恃才傲物也确有他的道理。

陈道明脑子快，反应迅捷。当张艺谋说“我很固执”，陈道明磕巴都不打秒杀接话：“坚持未必是美德。那要看你的固执是什么？倔强、执著、偏执、冥顽不化都可以被称为固执。”

我从事专业写作前，陆续在中国少年儿童出版社、《十月》杂志社和《人民文学》杂志社，做过二十多年文字编辑，算是阅稿无数，但陈道明哪怕短信里的只言片语，已窥斑见豹，许多专业的文字工作者达不到他的段位。

是邹静之最先提出，以车站为故事的主要场景及隐喻手段，这成为贯彻整个剧本的脊柱。只有好的剧本基础，电影情节才可能在支撑下得到延伸和发育。据说剧作大师酝酿漫长，窖藏之后才有酒香，一旦下笔，稳、准、狠。传言中刘恒只写两稿，他不喜欢拖拖拉拉的扯锯，无心恋战，两稿之后，挥手相忘江湖。以《金陵十三钗》为例，一稿算风平浪静，二稿才波澜壮阔——电影正是在此基础上建立起来。若以一稿成色而论，最好的是邹静之的《归来》——从中看到的不是B超图像中的黑白轮廓，而是呱呱坠地的成活婴儿。若要变成可供拍摄的成品剧本，还得点滴的养育。《归来》中有些设计，亦出自陈道明的头脑。

比如原来安排是每天去火车站，我持反对态度，觉得多，希望调低频率。想起巩俐深入敬老院体验生活时，说过有个患阿尔茨海默病的老者，每当雨夜，就非要冲出房去收豆子。我建议把“每天”改为特定的一天，比如下雨或者什么特殊气候的。我当时并未想出合理的配套方案，所以张艺谋并未接纳。还是陈道明想的主意，利用信件晚到一事，把去火车站改为每月的“5 号”。

但陈道明也有他的固执。张艺谋在下半场有一幕得意的构思：荒谬地重现抓捕场景，两年的剧本创作中他始终坚持，但在拍摄阶段与陈道明理念相佐。这段没有拍摄出来的剧情成为张艺谋持续的心病，令他抱憾至今。

十一

陈道明多能且操心，从编剧到美术布景，全面参与，跟监制似的。他专业且深入，态度令人击节赞赏——可曾有一个阶段，我们相看两厌。

剧本讨论期间，我认为陈道明的一个想法，作为场景漂亮，但对人物的整体把握存在问题。当场争执，语音渐高，我明显感到，陈道明恼怒于我智力的低下，那种难以克制却被教养拼命压住的不耐烦。他似乎看透我的平庸和饶舌，又遗憾于张艺谋旁边竟然存在这样的蠢货，无奈而疲惫。他懒得与我纠缠，只盼快点结束这场无聊的废话。

第二天，陈道明可能以为我不在场，带王海翎来谈剧本意见——隔门我就听见他兴致勃勃的招呼声。他老人家一推门，直接看到我令人扫兴的呆滞五官——话不投机半句多，他没能控制住脸色上陡然的一沉。我也别扭，因本性不愿与人冲突，即使由于误解而造成的小小隔阂，我消化起来都相当吃力。在此之前，为免交锋中的剑拔弩张，我专程向张艺谋告假，不想参与演员讨论，可逃避并非办法，结果还是我硬着头皮坐在那儿。不过，我一边说空话，一边偷笑，因为有点对陈道明的暗地同情。同是性情中人，我能够理解那种心理感受——他和厌烦的人说话，大概就像喝下一碗有老鼠屎的汤那么难受吧？

我猜，陈道明也是典型的情趣型势利眼。遇到有意思、有想法的人，他态度平易；如果相反，哼哼！他是个齿轮，如果咬合上了，怎么都行；如果咬合不上，他和对方都受罪啊，每个齿都是锋芒，走一步咬一个牙印。

连续几天，气场不合，我感觉自己被陈道明打得满身满脸的土。最初张艺谋和陈道明火拼时，我还能从中调和，既不被流弹所伤，又能起点息事宁人的作用。现在，沦到我自己加入混战，现场鸡毛鸭血，一片狼藉。恨得我呀，手足无措，又不能上去把陈道明的脸挠花了，只能自己百爪挠心。我暗生幻想，用来报复——嗯，去弄张他的大海报，放大到一米七八的尺寸，然后针扎小人儿，把男神弄成一张针灸挂图。看着对面陈道明那张帽檐下的脸，我阴险地笑出了声儿。

等《归来》开机，我不跟他较劲了。我打不了持久战，三鼓过后，衰竭得刀枪入库、马放南山。不过，和陈道明往日的短暂交战还是留下一丝痕迹，我们的“和好”属于脆弱的修补，裂痕容易复发。

那是 2013 年的中秋节，我去探班，正好赶上拍“陆焉识雨夜潜逃回家”一场。同样一场戏，陈道明呈现各种可能性，已经拍了若干条——等我进棚那会儿，正赶上陈道明表情最为夸张的一条让我看见了。张艺谋觉得前面的戏就够了，于是喊“停”；可我误以为张艺谋满意这种“强烈感”，心里一沉。

正在担忧，穿戏服的陈道明进来了。那是件厚重棉衣，透水后死沉死沉的，穿了几十斤的铠甲似的，幸好勤于体育锻炼的陈道明还能应付。张艺谋招呼陈道明，说我中秋节来看看大家。短短半个月，我体重暴增，摆脱了剧本折磨我心宽体胖——陈道明的眼睛真毒，他贬损道：“今儿月亮大啊，我说怎么脸这么圆呢。”小肚鸡肠如我，新仇旧恨一起翻涌，看陈道明尚未擦去逃亡者一脸油污的黑，当场反击：“是啊，不像你，什么时候都迷人。假设日本鬼子进村，别看你抹了满脸锅灰，放心，他们保证先强奸你。”

十二

陈道明真挚、聪明，不过也因为这聪明有着少年的那种负气。只有被他内心认作真理的，才勇往；一旦与他的判断力背道而驰，陈道明难以被摆弄，被迫服从对他来说是非常困难的。

对于《归来》这部电影，陈道明有时跑到台前当一张脸，有时跑到幕后当一只手，张艺谋管他叫“监制”。张艺谋对陈道明的表演处理同样功不可没，他从素材中选取的是，陈道明最为安静和最为松弛的表演片断——这样的陆焉识，历尽沧桑，平静内敛。漫天漫地的大雪中，他陪伴患病的老妻，去迎接消失在过去或未来的自己……难言他的苍凉与温暖。

陈道明说拍《归来》的主要目的，是把片子献给父母的，他们和陆焉识有着某些同样的背景、同样的体验——希望作品能让父母满意，这是他最重要的动力。这个尺寸的点心匣子，不知他最后是否感觉拿得出手。

我告诉陈道明，我特别喜欢他夫人杜宪。长相甜美，可一点儿邪气都没有，她有一种安静中令人敬重的正义力量。看一个男人对女人的选择，能看出他的品位和志趣——因为杜宪，我要给陈道明特别的加分。陈道明得意了：“这话爱听，比夸我自己还高兴。”

人　际

一

说张艺谋或许受到外星生物的特殊扫描，我并非营造他的科幻神话，张艺谋并未因此变成超人或蜘蛛侠，他身上明显的弱点并未得以根治和改善。一写到这些弱点，我为什么反而有种揭露的快感？也许因为，潜在的挫败感，终于让我找到宣泄渠道用来解恨。这些弱项排名不分先后，不按轻重缓急，我想到哪儿写哪儿。

张艺谋不擅长人际交往，虽然喜欢他的人很多，但我坚持认为，这方面不是他的强项。我说他有害羞的一面，可没人会信。他见识过大场面，又经常在聚光灯下、麦克风前侃侃而谈，应该早练就风雨不侵、金刚不坏之身；他一生中谋过面、照过相、谈过事、合过作的人可太多了，以宅在家里的IT男女看来，估计是个难以想象的天文数字。

没站在聚光灯下的时候，人们的状态更为松弛，但在镜头前和镜头后阐释电影想法的张艺谋并无本质区别，只不过语速稍慢了些。锻炼和适应的机会太多，他临危不乱，总是能稳住阵脚。

无论怎样成为热闹场子里的焦点，张艺谋的本性依然喜欢独处。据说这种“闷”，遗传自他父亲。张艺谋的母亲看起来外向开朗，非常容易与人沟通，我估计，场面上的张艺谋有足够恰当得体的技术处理，这得益于母亲。他不喜欢媒体的喧嚣，但可以靠智力撑住场面，对陌生人他依然有靠经验训练出的自如。

张艺谋看似外向，对许多事物轻松驾驭；但他的性格里有内向的部分。陌生客来访，他习惯有熟人作陪。他与生人的交流，看似挥洒自如，其实在最初他需要克服生疏中轻微的不适。这就是那种可以形容为羞怯的东西，只是用在老爷们儿身上显得不搭，何况他那样死不吭声的硬汉。

张艺谋不会寒暄，就事说事他不怵，千军万马他一夫当关；凭空的嘘寒问暖、温贫恤老，他不灵，显得笨嘴拙舌、理屈词穷的。那些断了合作关系的伙伴，张艺谋不怎么会主动维护。如果对方积极，张艺谋乐意配合，既不会卷人面子，又不会摆身架和造型；假设对方也矜持，这段情谊难以延续，因为终日忙碌的张艺谋很难不时叙旧，他不是那个路子，他怕面对寥寥数语后的枯坐——所以相忘江湖的可能性很大。不了解的人，觉得张艺谋时位移人，自私冷漠。并非看人下菜碟，就是对影响命运的领导同志们，张艺谋也是一样不擅长维护。见到场面上的要人，除非人家热情招呼他，否则，张艺谋宁愿做个闪客，或者干脆躲起来。

张艺谋承认自己在人际维护上是弱项：“如果有合作，就能一直维护关系。离开了事儿，我不知道谈什么。”作家毕飞宇曾在《摇啊摇，摇到外婆桥》时，与他有过长达半年以上的密切交往——毕飞宇事后感慨，张艺谋从未聊过一句家常的话题，全是关于剧本的。这有什么？我跟他工作八年，张艺谋从来没问过我一句家庭生活方面的话题；除非我告诉他，否则他根本不知道我的家住哪个方向，不知道我父母和先生是做什么的。

张艺谋愿意与熟悉的搭档合作，一方面是怕磨合期的诸多烦恼，另一方面，可能这也是他唯一延续友情的方式——他不擅漫无目的的聊天，也不舍得白白消耗宝贵的时间。一旦没有事件的支撑，分开后他就等着人走茶凉。不过，张艺谋倒从不是个站在原地徘徊的人，他的注意力很快转移到新项目上，没有时间沉浸于感伤之中。

二

由于没有办公地点，我和张艺谋见面的最初几年，都选在京瑞酒店咖啡厅最犄角的那个位置。张艺谋从来不会先进去，即使早到，他会在停车场里埋伏着，看我进了大门，他才会现身。我猜测，孤身一人、独坐角落的张艺谋难以处理相应的麻烦，被迫接待前来签字的、合影的、搭话的，就跟中了埋伏圈似的……他索性隐蔽。

有一次，我脚踝扭伤，边咝咝抽着冷气，边忍痛一扭一扭地走进京瑞。张艺谋随后落座，幸灾乐祸地说："哎呀，从后面看你跟铁拐李似的。"我只要到了指定地点，会发短信告诉张艺谋一声，免得他跟盯梢的办案民警似的盯着大门看，唯恐错过坏人。

尽管张艺谋态度温和，不会跟路人或粉丝起冲突，被要求合影时，他心里不愿，也能忍则忍。工作人员在场时，他希望能有所抵抗，他自己难以拉下脸来表达反感。有时我们谈论剧本正到关键处，突然插进来个人要求合影，的确让他为难和扫兴。

刚认识张艺谋的时候，我的角色认知不到位，不知道自己应该站出来替他婉拒，遇到咖啡馆里的服务员要求照相的，我还帮着按快门呢。

几次之后，才自觉错误。有一次，京瑞酒店咖啡厅的女服务员趁我们散会要求合影，张艺谋勉强为之，我又不懂事地去充当摄影师。等我按动手机键，没电了，按不下去。张艺谋如释重负，欢欣鼓舞，发出解放后的雀跃之声。那个小姑娘试图快修手机，补拍画面，张艺谋连声说："不照啦，不照啦。"然后落荒而逃。

张艺谋有一次跟我批评制片主任黄新明，他们为了采买办公室家具一起逛宜家的家居店，张艺谋说："结果，摄影者的镜头都快杵到我脸上了，黄新明也不吭声，注意力还在这个桌子、那个椅子上跟我讨论呢。"从那儿我才明白，自己也该眼观六路、耳听八方，该有个狗腿子样儿。

话说回来，就是我们多加阻挡，也没用，人家快门闪光一顿咔嚓嚓，才不管你的反对。

跟张艺谋去看演出的时候，我感觉明显。他不愿意先进去，愿意在地下停车场里避一会儿，临近开演再入座。有一次要去国家大剧院看演出，张艺谋刻意避开领导和要人出席的场次，不是清高，因为他怕寒暄。我们专门选择平常的场次，避开要人。等到了地下停车库，张艺谋发现增加了警卫，他判断当晚有领导出席，所以按照常规，藏身为妙。倒计时开始，我们一行才步入演出大厅。果然有领导，像我这种连《新闻联播》都不看的人，也能发现几张电视上著名的脸。最有意思的是，躲得了初一躲不了十五，一席领导同志们，正好，就坐在我们后面，哪儿跑？等握手仪式结束，张艺谋回身落座，他就成了半圆仪上的圆心——前方的扇面上，到处是举起手机拍照的观众。说实话，看热闹的方式跟动物园里的猴子也没啥区别。许多围观者不管不问，凑过来就一阵剧烈刺目的闪光。我与张艺谋隔了几个座位，连累不着，但我想：这样的日子也真无聊啊，都不能捍卫自己的清静。光看名人风光了，我们看不到他们的被动甚至是狼狈。相比之下，日本人见到高仓健，没有谁冲上去找他签名或合影，只是冲着他的背影一个鞠躬，然而转身离开。这种国民素质的文明和体恤，我们的确还远远不够。

张艺谋不喜欢照相，除非是跟自己的家人。在印制《张艺谋的作业》这本书时，美术编辑竟然找不到合适的头像。张艺谋的肖像，多是应杂志社拍摄的，底版保留在摄影师手里，他并无存留。剧组里的担任多年剧照的白小妍摄影很棒，但她也靠偷拍。你想让张艺谋正经坐那儿拍，对外来的摄影师，他好说话，不提苛刻要求，他配合到任人摆布；对自己熟悉的人，张艺谋立即呈现抵抗的本色：不摆，不拍。说来张艺谋还是摄影出身，但是当年，听别人教导说平面摄影的思维模式，对电影的障碍大于助益，他就果断放下了照相机。自己不拍照了，也不愿好好待着被别人照。

我没当过名人，想象被安排在陌生人身边堆积笑容，那种貌似辉煌下的无奈和无趣，实在难以忍受。张艺谋经常被当作石狮子，旁边的人换，他不换；而且不能像石狮子那样冷着脸，必须一直保持亲切友好的笑容。这够让人烦的了。何况，无论他在哪儿，总有镜头像在暗处瞄准的枪口。全民皆媒体的时代，人手一部的手机已是令人无处遁形的利器，偷窥或监控的证人无处不在。对公众人物来说，自由大概是真正的奢侈品。在长年累月的监视器下，他们难以纵心性之所如，无论保持的是一份造型还是十分警惕，都是无比耗神的。

庞丽薇说："以前在国外的咖啡馆，导演专门挑选窗边的座位，透过落地窗玻璃看熙熙攘攘的过客，看街上汹涌的人流。这是他在国内环境无法办到的。"现在，这种享乐也难以实现了吧？移民的、出差的、旅游的，世界的各个角落，到处都是龙的传人，张艺谋那张盛名之下的脸能往哪儿躲？

工作室搬家数次，都不是在那种管理严格的高档商住楼，而是与居民小区相连，共享地下车库。张艺谋数次被狗仔队盯梢，他因此烦恼，但也承认——虽然自己难以排除干扰，但总比家人和孩子被追踪要好得多。他一直单枪匹马，自己开车，快到工作室的时候打电话，秘书或助理下到车库去接他。张艺谋后来要求，至少去两个人、最好有男性去接他，否则媒体编造他“从下午两点跟着小姑娘进了居民楼，晚上两点钟才出来。图片为证，让你说不清楚。”——他无兴趣解释，可不解释，又显得心虚默认似的。

我还和助理晓晖下到珠江帝景的车库接过唯一的一次。我一贯乌鸦嘴兼扫把星，平常买苹果有虫，买咸鸭蛋没油，闺蜜方希经常嫌弃我跟个巫婆似的连累她倒霉。果然，我见识到了自己的神力，张艺谋开车从来稳妥，但这次，眼见倒行的轱辘越过阻挡杠，汽车直接碰到后面的立柱上。

这不算危险。危险也有。我们去看《一代宗师》的首映。离开影院后，陈道明回家，我们四个人一辆车回工作室。司机小代和庞丽薇坐在前面，张艺谋和我坐在后面谈论这部电影里章子怡的表演。车速偏快我没感觉，一会儿又缓慢下来，突然停到紧急停车带——这里临近四环的一个出口。我沉浸在电影话题中，不解用意。原来，小代机敏，发现了从影院就开始追踪的车辆。为了躲避狗仔队，他把车停到了主辅路即将交接的紧急停车区域——如果他们走主路，我们就走辅路；如果他们走辅路，我们就走主路。

远非警匪片里的火爆追车，可对我，已长了见识。散漫如我，想象这种随时需要提防的紧张，不堪其苦。生活被迫成为一场漫长的考验……

身置其中，何乐之有？我知道自己说这话会被理解为傲慢，但确系真情实感：假若能与张艺谋交换命运，不，我肯定会放弃这样成功的机会，宁愿蜷缩在狭窄的格局里。我这种小人物，享不了那个福，也遭不了那个罪。万众瞩目、锣鼓喧天的日子，听起来欣欣向荣，而我无法承受无时无刻潜在其中的侵犯与威胁。米兰·昆德拉在作品里说过这样的话："清静就是不被人注视的那种温馨感觉。人的眼光是沉重的负担，是吸人膏血的吻。"

三

初与张艺谋合作，你会发现他有疏离之感，有点儿冷，好像他心里有一角永远暖和不过来的样子，显得冷漠；清淡如水的交情就够了，拙于抒情，羞于示好，不擅长加温加料地递进关系。外界难以设想，张艺谋逆来顺受的处世习惯：一方面，是年少受挫形成的自我保护机制；另一方面，出于懒惰，他怕惹起更大的麻烦，能凑合就凑合。

奥地利作家耶利内克说："我感觉到在我里面的绝对服从的本能，我必须常常和它抗争。"张艺谋难以克服自身的迁就，正是为了反抗这种他自己并不喜欢的顺从，张艺谋才在电影里极尽张扬。现实中越是疏离和平淡，电影中他越是追求浓烈、夸张和极致。他在生活里有多么拘谨，创作里就有多么放肆；他有多悲观，影像上就有多热烈。内心的底调越是暗，他越是电影色彩里宣泄夺目的鲜艳，从影像风格里，几乎可以反向追溯到他的性格——它们恰成两极，甚至达到严格对称的程度。

几乎可以由此对张艺谋做出简单的二元论判断：生活中无意流露的冷淡，对应电影中蓄意彰显的热烈；生活中的得过且过，对应创作时的一丝不苟；生活中的忍气吞声，对应风格上的胆大妄为；生活中的缺乏主动应战能力，对应那个造梦的光影世界里，他自觉设置难度以使自己永远面临挑战……电影是对现实的重力克服，因此才成为张艺谋一生的梦想。

吝 啬

一

我还没做文学策划的时候，就闻听江湖传言：张艺谋吝啬。大众的想象矛盾，既想象张艺谋终日纸醉金迷，又想象他锱铢必较，总而言之，听起来人格特别分裂。

其中一个细节，是张艺谋用面条请客。多么抠，多么不上档次。以我观察，张艺谋不太讲究吃喝，家常菜即可，而且过午不食，晚餐多数时候只是牛奶或酸奶。曾经有一个短暂阶段，他吃过即食海参——我从张艺谋的储备库里掠夺一袋，尝尝，自行车内胎似的，有橡胶的弹性，没有蛋白质的味道，不好吃。张艺谋后来也不吃了。张艺谋的食量有限，他说："人类又不狩猎了，没那么大运动量，吃那么多干吗？"当然，拍戏或出差除外，张艺谋吃起来也不含混。

我们去柏林参加电影节的时候，去过严歌苓的家。歌苓亲自下厨，她先生莱瑞为我们烤牛排——天呢，那个牛排太好吃了，嫩得要死，活像牛肉和豆腐结合后产下的私生子。那么厚的牛排，那么晚的时间，张艺谋毫不含糊地报销两大块，还补了一碗蔚为壮观的油泼面。

菜谱上张艺谋的心动之选，永远，是面条。什么油泼面，什么拉面，令张艺谋乐此不疲。庞丽薇有次陪他出国期间，一个多月，庞丽薇控诉：

“他天天吃拉面和煎饺子，不带换样儿的。”我跟随张艺谋到过柏林，他的老同学柴岳在德国生活多年，热衷美食，辽阔的腰围以证，他走过多少山山水水、桌桌椅椅，他可以带我们深入当地最美味的餐馆。我心怀向往，浮想联翩——尝试当地餐饮，是我想象力最为旺盛的时候。柴岳问张艺谋想吃什么，我果然听到了那个扫兴的老节目：“面。”无以证明柴岳先生的美食鉴赏力，我们辗转车程，去吃了传统保留曲目：拉面和饺子。张艺谋拒绝让当地土财主柴岳结账，争着说：“我来我来。”想起没有一饱德国大餐的口福，我翻着白眼，以受伤者的怨愤讽刺道：“当然你请客，这里没有谁要跟你搏斗。”

张艺谋的“抠”还体现在，他的环保观念很强。有一次，小助手打印出的梗概遭到张艺谋的批评，直至把制片主任等叫来一一问责，因为所用的打印纸很厚，白润挺括，他觉得浪费，薄软的纸完全够用。原来，是小助手错拿了专门用于彩打的纸材。

小助手也曾受我牵连。我让张艺谋阅读一篇小说，看看是否需要购买版权。小助手打印的字体太小，看起来吃力，我建议她改变字号重打一份，让张艺谋读起来不累。这招致否决，张艺谋倔强地表达，他能看这么小的字儿——多小都能看。我不知道他是用老花镜还是放大镜完成了这项任务，反正，他宁愿跟考古学家似的在那儿费劲研究，也不愿造成纸张浪费。

张艺谋在小节上非常注意环保，笔筒里有多支签字笔，适用于不同的海报、信封、光盘的外包装等等。我嘲笑他那个“鸟巢体”的签名，写起来笔画烦琐，手腕高频晃动，像个帕金森病人——其实这种印象还得自于张艺谋在动笔之前，需数次甩动笔杆，张艺谋坚持要把每支笔的残余墨滴用尽。

我们走到哪儿都喜欢亮堂，昏暗光线影响工作情绪，这点张艺谋倒不干涉；但在他自己的办公室外间，有个小的过渡区域，那里的顶灯很少开，因为借助外面过道的光亮，他能走进里间——所以他自律，每次都跟个武侠中人似的穿梭于幽微光线之中。

出于环保，张艺谋从食材到用品，不好什么珍稀之物。有一次，一个商家送给他什么珍贵动物的皮毛，张艺谋很是被动和难受。人家毕竟出于热情的善待，张艺谋不愿当场拒斥，可张艺谋并不乐享其中。他信奉“没有买卖就没有杀戮”，这样的礼物让他犯愁和愤懑。

二

关于张艺谋的“吝啬”，著名例证是拍《英雄》那场张曼玉和章子怡的打戏，需要大量树叶。张艺谋嘱咐制片主任，必须细化树叶的品质，吹到脸上和身上的树叶是不同的——吹到脸上的含沙要少，以免对演员造成干扰和伤害；吹到身上的含沙可以多些，因等级相对低下，价格应该便宜。

之所以如此，因为张艺谋对投资人负责任。他不是那种强调个人艺术风格而枉顾他人利益的创作者，不想让自己的艺术探索给投资方带来经济上的困扰，那样他会心有不安。他觉得让那些信任自己的投资商有所回报，天经地义，至少别让人家赔钱。所以，他会仔细，尽量不造成浪费，他不喜欢随意挥霍。张艺谋会要求制片主任不乱花、不胡花，不当冤大头。

不过，张艺谋不是会计型人才，他对于财富数字的运算能力并不出色，甚至谈不上敏感，有时它们只是一些混沌的阿拉伯符号而已。我戏言，有种人是“硬币型吝啬鬼”，他可能心疼几百块钱，但对几百万无动于衷——因为前者和他曾经体验的困窘有关，后者因纸上谈兵而形同虚设。

有些人据此称之为“农民作风”。说张艺谋是“农民”，其实是以讹传讹。作为中国第一位A级国际电影节的影帝，他在《老井》中饰演的孙旺泉实在精湛，令人信服，觉得这就是一个“农民”的本色表演。加之张艺谋早期电影中，许多都是镜头对准乡村，人物造型也土，许多人便深化了对他的农民印象。张艺谋只在1968年到1971年间，在离家不远的北倪村插队三年。短暂的下乡经历，被当作他一生的形象标签。若论真正的出身，张艺谋可离“农民”太远了。

三

张艺谋的爷爷当年是临潼大户，家宅比乔家院子还大。爷爷毕业于老燕京大学，后来到陕西柞水县当县长。当地匪患严重，政府缺乏财力对抗，爷爷从自家拿出大洋买枪，组织县里的剿匪队。结果出师不利，还没行动，武器倒先让土匪没收，理想以彻底失败告终。张艺谋概括：“这正是：秀才造反，三年不成。”假私济公的慷慨，带来的悲剧不仅如此。竟有能力以自家财力购买枪械——张艺谋的爷爷由此暴露了殷实家底，

张艺谋唯一一张在农村插队的照片。

由此被土匪追杀。逃回临潼的爷爷，被土匪围困，又没有及时交上赎金，以至被土匪火烧了院子。家境从此败落，树倒猢狲散。捡回条命的爷爷带着家眷，隐姓埋名到西安开药铺为生。

这位失意的“秀才”，认识到乱世中，家里必须有拿枪的人才能自我捍卫，于是把三个儿子都送到了黄埔军校。

大伯是黄埔九期，1948 年全家去了台湾，直到 1981 年才和家里重新取得联系。取得联系的方式，是一张从台湾托人带到美国、然后辗转带回内地的一张六寸全家福照片，背后在每个人的位置，标注着“长子某某、长媳某某”。张艺谋 91 岁高龄的奶奶，在灯下抚摸着照片上这些陌生的亲人，一遍又一遍，边看边落泪。等到 1987 年大伯回到西安，亲人之间已是界隔阴阳，奶奶已带着沉淀 40 年的思念走了。他们母子自 1948 年一别后，此生再也没有见过面。

张艺谋的二伯是黄埔 15 期，当年属胡宗南部下，曾接受策反，准备和几个要好的朋友一起投奔延安。没想到遭到出卖，最后在 1949 年国民党军队大乱之际，被处以枪决。这是同为黄埔军校学员的张艺谋的父亲，经过调查，综合一系列线索得出来的结论。有太多的历史细节，就是陪葬于时间的深处，永无昭日的一天。张艺谋本人很遗憾，在父亲生前的时间里，自己忙于工作，忽略与本不擅言谈的父亲之间的交流，家族里的许多往事，到如今都已成无法考据的尘封往事。

言归正传，父亲那辈的哥儿仨，都是黄埔军校的国民党军官；张艺谋的母亲是皮肤科大夫，所以怎么溯源，张艺谋也实在不能说是“农民出身”。张艺谋有着老式手艺人那种本分，加重大众和媒体对他“农民身份”的误读。

1 | 2 | 3

图 1，1936 年 17 岁和同学合影，左一为张艺谋父亲。

图 2，1937 年 18 岁报考扬州中学。

图 3，1947 年 28 岁时任少校军需主任，拍照时穿着国民党军服，“文革”时期为了保存，不得不裁切照片。

四

我刚刚做这个行当，有人告诉我张艺谋“抠”，其实是提示我，可能努力颇多、收获甚微；朋友建议我对张艺谋不要客气，要寸土寸金、寸土不让。

我倒不担心自己被盘剥，可以甩手就走；我怕自己出于职业要求而盘剥写作同行。几年下来，我的紧张毫无必要。他诚恳待人，尊重编剧，相信他们的智慧才是一剧之本。尽管投资受限，不可能满足每位编剧的心理期待，但张艺谋力求在可控的范围内，不让编剧委屈。

未涉此行的时候，我觉得影视圈赚钱容易，手笔宽松，不必与那些码字维生的写作者锱铢必较。实际操作中，才发现，编剧也未必那么弱势无助。没有哪个投资方不欢迎理想意义的剧本，得到一个可以顺利进入操作程序的成型剧本绝非易事；所以往往不惜重金，去争夺一个好本子。有些编剧眼高手低，谈起来头头是道，写起来一塌糊涂，虽然耗时耗神，但对电影出品方却是无益无效的劳动。辛苦的编剧满怀悲愤，热望的投资方也一肚子委屈，忧怨之下，相看两厌。

影视界热闹，泡沫化严重，编剧行业显得既泛滥又人才稀缺，会写故事的大腕和刚刚触电的小写手都被各个公司抢夺，价格水涨船高不说，时间上也少有空当。我还以为给张艺谋找编剧并非难事。错，也不容易。受到各种制约，找到好编剧与找到好故事，具有同等甚至更高的难度。当然这与形势有关，与行情有关，也与我个人能力的薄弱有关。小时候读童话，说田螺姑娘会趁无人之时秘密现身，做出满桌的美味佳肴，真是美好啊。哎呀，别给我的梦境送什么梦中情人了，给我的现实里送几个价廉物美的好编剧吧——这样，我就可以安心地，枕在他们的劳动上打呼噜了。反正，对我所经手的数任编剧，张艺谋尽量善待，不惜与影视公司交涉，承受压力进行吃力的努力。

张艺谋花自己的钱倒比由“公家”支付的显得痛快些。

《山楂树之恋》的编剧肖克凡和我在工作室，张艺谋很高兴地给我们出示他的摄影旧作。经历多年，数次搬家，它们没有丢失，反而是整齐码放，分类清晰，纤尘不染。张艺谋还拿出一个保存完好的相机套子，蓝棉布的——张艺谋说，这是前妻肖华做的。我们提议出书才是对这些照片最为有效的保存方式，这便是后来由方希前去采访和出版的《张艺谋的作业》。

图书出版过程，我参与了一些策划和校对工作——对于一个从事了二十多年编辑生涯的人来说，举手之劳。听到张艺谋认真地讨论怎么和我分享他的版税收益，省得让我白干，我觉得挺逗，自然是拒绝了。他并非仅限于表态上的慷慨，后来在我们的一场微型冲突中，张艺谋也做出实际的行动，我会在后面的章节中提及。

五

张艺谋吃饭不挑剔，有碗面就行。喝水，是矿泉水，用以冲泡他那些深至酱油色的普洱茶。在我刚认识张艺谋的时候，他还热衷健怡可乐，一晚上能喝好几罐，后来在养生人士的劝说下放弃。

张艺谋的办公环境不出彩，是那种出自宜家风格的往虚里说是简洁、往实里说是简陋的办公室。我去过许多大大小小的影视公司，远比张艺谋的工作室气派，从面积到布置，或显示旷古幽兰的文化意境，或显示气吞山河的雄心壮志。对比之下，直至2014年的张艺谋工作室，实用到，缺乏相应的艺术气息。

这和他的做人习惯一致，他平常没有那种“大人物”的派头。张艺谋不喜欢前呼后拥的，愿意自己照顾自己。庞丽薇说，很长阶段，就是在剧组最忙碌的拍摄周期里，他也坚持自己洗衣服。好玩的是，张艺谋一边用手洗头洗澡，一边用脚洗衣服——他把内衣或袜子之类的扔进浴缸里，洗头时的洗发液或者洗澡时的浴液流下来，正好再利用，他就这么用脚踩着洗衣物。这是他同时节省水、洗涤剂、时间和精力的独特方式。直到2009年开始，剧组才给张艺谋配备了小型洗衣机，才算把他从综合的劳动中解放出来。包括出差，接送机场有司机或助理推拉行李，剩下许多时间，张艺谋经常自己劳动。

2012年初，关于谁去柏林电影节与新画面公司意见不统一。最后，刘恒的机票和住宿是新画面公司出的——这早有协议，而倪妮和张逗逗的机票、住宿和服装是由蒲伦找的赞助商支持的，我的费用是张艺谋这边出的。张艺谋怕我被甩到经济舱里联系不便，怕我产生自尊上的受挫感，坚持为我买了头等舱——他希望团队整体活动，为此过关或其他场合他宁可不走特殊通道，也把人头数齐了再走。我才不会，我哪有那么贪婪和矫情？占便宜也要讲究分寸感，这样才能不动声色地多占几回便宜。我既怕和张艺谋，也怕和刘恒坐在一排，宁愿和陌生人邻座；因为晚上入睡时要把座椅放平，我会感到滑稽，难以面对刘恒和张艺谋与地面或平行或垂直的五官。幸好他们两个并排，热聊一路，到了睡觉的点儿，他俩各自钻进被子，间距仅仅盈尺，两个有定力的人很快入梦，襟怀坦荡，无惧无扰。而我，为了对得起这昂贵的头等舱票价，我在座位上不停吃东西，一口一口地减少损失，决心豁出去自己不痛快，也要把便宜占全。张艺谋说，每次回头，都发现我仿佛在喃喃自语地咀嚼。

内容重点不在这儿，说回张艺谋不在意“名人造型”的话题。登机前，刘恒和我先到了候机室，坐在一个相对隐蔽的角落。《白鹿原》剧组的王全安、张丰毅、刘威、吴刚、郭涛、段奕宏等等，办理登机手续时在我们前面，同一航班，这会儿他们集中在休息室另外一侧聊天。过一会儿，张艺谋和末末夫妇到了。听说《白鹿原》剧组在那边儿，张艺谋说：“咱们去打个招呼。”然后他带着我们，穿过相距几十米的桌桌椅椅，过去见面。按辈分和声望，张艺谋似乎可以稳坐，等待他人前来拜会，许多位尊者都潜在等级意识——张艺谋不，他觉得是自己“应该”。

好玩的是到了柏林，我们每个人拿自己的行李，张艺谋左右开弓，乍着肩膀，双手各拖着一个大箱子——轱辘好用，但他的造型实在不雅。我说：“导演，你这样不好看。”他说“没事”，意欲坚持。懂事、乐于助人的佟大为和我一起，夺过其中一个箱子放到佟大为的行李车上。幸好！几步之后一转弯儿，机场门口蜂拥着长长的中外媒体队伍，照相机的闪光灯噼里啪啦一通闪耀……张艺谋笑容可掬，神情怡然，单手扶着剩下的一个行李箱，完全看不出，十秒钟之前他还在略带狼狈的体力劳动中。

六

张艺谋对服装还算讲究些，我不知道这是否属于公众人物的某种职业道德。张艺谋以前不在意，影像资料暴露了他几乎不修边幅的形象。转变是从高仓健的提示和指导开始的。高仓健不仅委婉地提示了张艺谋在着装方面的粗疏，还事先到专卖店选好恰当的款式，把张艺谋拉去，装作若无其事地建议他试试。

有一次，高仓健曾给张艺谋寄来礼物，拆包时，我在现场旁观。那件据说是奢侈品牌的棉服，难以置信地低调，低调到不可思议，看起来就是件土布老棉袄，只是在衣服内兜翻出的里衬侧面，才能发现微小而难以察觉的标识。有了品牌提示，我还是看不出任何高妙，这件粗布棉服与家常手工制作无异，不见山不见水，只是过日子的平常……它的高山仰止，庸俗如我，难解其妙。张艺谋习惯的着装风格是典型的闷骚版，不能太闷、不能太骚又在闷骚范围之内的那种——看似寻常，却在细节处颇费心思。比如领口和拉链的设计。比如细微的色调呼应。他穿蓝色T恤，配白裤子白鞋，只是鞋底是蓝色的；如果穿红色T恤，配白裤子白鞋，只是鞋底是红色的……绝对不会配错，跟基耶洛夫斯基的红白蓝系列。面对这件内敛到极致的棉服，张艺谋感慨："选衣服能看出境界。我还追求闷骚，人家早就到了只闷不骚的从心所欲之境，人家的境界高啊，我的差距太大了。"

张艺谋的服装有赞助商和相关协约，只要在出席活动的重要场合穿上数次，有些品牌对他并不是打折销售，而是免费取用——相当于一种广告效果。这并非张艺谋的特例，看看典礼上那些衣着光鲜的影星，很少自己购买那些华而不实的礼服，多与品牌合作，风光之后就完璧归赵。

张艺谋的裤子多是黄保荣给他做的。黄保荣自《英雄》开始就担任制装师，有时上门到工作室给张艺谋量尺寸。张艺谋嫌品牌服装的裤子板正且立裆短，活动不自在，所以专门设计成适合自己的这种：好面料、黑色、绳带、瘦腿、下端收口，裤脚可以收进靴子里。所以张艺谋很少买裤子和腰带，即使买，也是为了出席场合之用。

他也做过配套几身上装，黑色，只是帽子变换颜色。如果衣服的拉链长，坐下来的时候容易在胸口和肚子那里堆鼓出来，张艺谋干脆让裁缝把拉链长度减至一半，这样既套头方便，又让衣服保持熨帖。此款和某年的大牌撞设计了，张艺谋担心地问庞丽薇："我要是穿这件逛PRADA，不会让人家给轰出来吧？"庞丽薇安慰他："不会，人家以为专门给你做的限量版呢。"

名人喜欢名表，张艺谋很长时间戴的都是SWATCH。他自己买的，还帮他妈妈挑选，所以老太太戴的也是SWATCH。张艺谋自己没买过贵重的表，几块好表或是陈婷给他买的，或是朋友送的。张艺谋在国外期间，喜欢逛商场，主要是买上衣、T恤和围巾——因为衣服多是暗色需要调剂，所以他是个"围巾控"。

张艺谋不喜欢别人说他逛店的事儿，觉得购物不是老爷们的爱好，不体面，庸俗，显得"低级趣味"。其实相比于他极其忙碌的工作节奏，休闲机会少之又少，以其购物所花费的时间和精力而言，一年中区区数天，微不足道，根本都谈不上爱好。

也是2012年《金陵十三钗》参展柏林威尼斯电影节那次，公事结束后，还有一天剩余时间。张艺谋和他的大学同学柴岳，来酒店接刘恒老师和我，一起逛街。

在BOSS店里，张艺谋试穿各种糖果色的T恤，刘恒老师、柴岳和我，既当围观群众又当参谋。

我先在楼上的女装部转转，发现没有适合自己的，才跑到楼下的男装部，看看张艺谋他们有什么收获。正赶上张艺谋从更衣室出来，他平常穿鲜艳的颜色效果不错，可试穿的这款，绿得不妥，就像LV曾经出的蛇皮袋，难以驾驭，看来可疑——我不留情面，给予否决。刘恒老师和柴岳先生的意见和我不同，他们认为那种绿色是别致的体现。我们正在互相打击和否定，张艺谋从试衣间里再次出现……用句俗语：让人眼前一亮！这回，是件紧身短袖黑T恤，肩部镶有两片精致的皮革，显得有型，很酷。我大赞："这件甚好！比刚才那件强多了！"张艺谋狐疑地看着我，觉得我的审美哪里出了问题。

张艺谋表情庄重，纠正说："这是我自己的内衣。"

短　板

一

有些知识分子反感张艺谋，论调相似。他们认为张艺谋的早年经历始终压抑，一旦得势，性格上容易扭曲，终身携带的某种阴影会得以放大和彰显。我也曾受到言论影响，对张艺谋有过诸种不良猜测。

其实按我的个人经验上理解，成长期的坎坷有助于未来。受挫时期，我们收敛、被动甚至屈服，学会关注他人的情绪反应，也内省自己以期未来的改观……这些表现很像善良，至少有时它们帮助培养可能的善意。人性的某种弱点，有益于培养艺术创作上的技能。比如某种程度的自闭，乐享不涉及交际的孤独，就像忘我的电脑游戏玩家，他们在独自的精神娱乐里，爱恨情仇，出生入死。再比如脆弱，当在现实中受挫，使人发明一套补偿机制来安慰自己，就像植物从伤口中分泌树脂，乃至形成琥珀——躲避在艺术世界里的幽灵可能拥有非凡的魔法。人的种种负面情绪，本来难以在上面有所建树的；但创作，恰恰能够完成美妙的转换，让我们下潜到人性的幽暗之处也能有所发现。就像看似与世隔绝的黑暗海底，却在无比艳丽的寂静之中，因为百分之九十的深海动物都有制造光线的能力。发光的水生物，点缀那里的霓虹灯之夜……让我们明白，深渊里，也有节日。艺术创作，近似一种魔法师的技艺，它无中生有，能把纸屑变成花朵，即使生命中的孤独、疾病、灾难等种种不幸，也能被点石成金，转变为美与奇迹。只要我们放弃成见、深入其中，就会目睹黑暗里的缤纷。

每到宣传期，张艺谋为了电影四处接受采访，显得滔滔不绝、喋喋不休，他觉得这是针对投资和作品应尽的义务。但涉及个人的情感和是非，张艺谋不愿多谈，能回避就回避，能闪躲就闪躲，除了太极推手就是哑巴沉默。

张艺谋在指导演员表演时，特别强调真实自然的状态，强调日常和家常，最怕演员进入铿锵有力的舞台腔、话剧感，怕那种高亢的台词朗诵方式——被我戏称为"就义体"。张艺谋自己，同样信奉诚实和沉默。一方面，张艺谋不能忍受自己以无辜者或受害者的造型跑到公众面前慷慨陈词；另一方面，他根本不相信舆论能带来什么风向的转移，不相信它具有客观裁决的能力。张艺谋不让工作室人员发声，因为谁说话，媒体都会把矛头引向张艺谋，认为他是幕后那只暗地操作的黑手。张艺谋跟我也直接交流过，说："你不要想法太天真，没有谁会相信你的话。公众认定，你属于张艺谋的利益集团，当然是向着我说话，从维护我的行为里获得好处了。"

我被劝说之后，三缄其口。假设诚如所言，在辩论中只能越描越黑，那么沉默是否足够有力，能够以静制动，然后就尘埃落定、云淡风轻？不然。弃权，究竟是蔑视还是勇敢？谎言重复千遍，就貌似真理。

关于沉默，我想起一本书：美国伊维塔·泽鲁巴维尔的《房间里的大象——生活中的沉默和否认》。我是通过刘喻的评介得知此书的。以下的段落，引述自这位知性女神的书评。

"'房间里的大象'，在英文里，意指所有那些触目惊心地存在却被明目张胆地忽略甚至否定的事实或者感受。用作者泽鲁维尔的话来说，就是那些‘我们知道，但是我们清楚地知道自己不该知道’的事。

他分析到：沉默的人数越多，打破沉默就越难——因为当越来越多的人卷入沉默的漩涡，从这个漩涡出来需要的力量就越大。历史上的先知，往往命运悲惨。面对第一个站出来大喊‘屋子里有大象’的人，人们往往不会顺着他的手指去看有没有一只大象，而是怒斥他为什么吵醒了自己的好觉。甚至，他们会因为那个人的勇气映照出自己的怯懦而恼羞成怒，你那么大喊大叫干什么？哗众取宠、爱出风头、不识时务，神经病。‘沉默如癌细胞般分裂生长’，房间里的大象就这样在‘合群’的人们的相互拥抱中越长越大。

人们习惯于政治或社会的压制来为自己的沉默辩护，却往往忘记了正是自己的沉默在为这种压制添砖加瓦。我们尽可以堵上自己的耳朵或者捂上自己的嘴巴，但是当房间里有一只大象时，它随时可能抬起脚来，踩碎我们天下太平的幻觉。”

不及时发声，一切都会在沉默中发生变化。经过搅拌的水泥渐渐坚固，溶液状态的铁水也会变得钢硬……直到，它们成为强悍的固体。不吭声的张艺谋，等到他必须吭声的时候，恐怕人们已经很难相信了。就像网上盛传，张艺谋曾被巩俐的男朋友打成骨折，并配以照片，假的。实情是 1988 年在拍《古今大战秦俑情》时，张艺谋被失控的道具汽车撞断了腿。事故发生地点，是在西安大雁塔的闹市区，当时人山人海，众目睽睽。

二

张艺谋这辈子打交道的人太多，走马灯似的；若论与其深交的挚友，人数寥寥。人到了所谓的巅峰程度，维护友情的难度也会增加。旧友或因交集少，或因不想攀附，渐行渐远；新朋或为避嫌，或为趋利，或缺乏时间积累所产生的信任，难以一见如故、肝胆相照。人到中年，常人都不容易交到倾心和信赖的朋友，何况张艺谋？

我觉得，陈丹青有一双甲亢患者的眼睛，长得像《新青年》时期的钱玄同。张艺谋欣赏陈丹青的才华，也喜欢他的为人，铭感于奥运会期间陈丹青对他的支持。张艺谋喜欢那种有才华却不拿捏造型的文化学者。他说："有些知识分子只会高屋建瓴，满怀'冶大国若烹小鲜'的雄才大略，坐而论道，给别人指点迷津；其实眼高手低，满纸空谈。丹青这种人，不浮夸，不炫弄，就是以自己的专业，力所能及地、实心实意地帮你。"我多次听到张艺谋对陈丹青的夸赞，但两人在奥运会合作之后，联络甚少。

有一次，方希和我都在，问张艺谋，是否想过跟陈丹青打个电话，叙叙旧什么的。张艺谋愣了一下，摇了摇头，承认自己问好之后就不知道说什么好。他怕那种嘘寒问暖的客套，他既排斥那种彬彬有礼的仪式感，又难以随性纵情地表达想念，电话连线中，就变成渐低的音量里渐生的狼狈。并不是说，张艺谋不会正常待人接物，他在社交场合一样可以谈笑风生；只是对陈丹青这种内心敬重和亲近的朋友，他拒绝礼数，又没找到合适的沟通途径。

岂止陈丹青，甚至对自己的女儿末末，张艺谋都需要经过内心的调整期。末末成长期与父亲相聚不多，后来只身在美国学习导演专业。这

张艺谋和在美国学习期间的末末。

是个美丽而懂事的姑娘，从不张狂，做事扎实努力。张艺谋努力尽到父亲的责任，无论是末末的学业、住房，还是筹划未来的事业，他都有过助力；同样，末末对于张艺谋的电影，也有着重要的支持。

我记得，末末结束学业、刚刚返回国内的那个阶段，许多事情都是导演的助手庞丽薇陪着处理。由于长期没有生活在一起，张艺谋需要调整和适应与女儿的关系。大概是2009年元旦，赶上要说事儿，张艺谋、末末、庞丽薇和我一起吃的晚饭，我能感觉空气中那种因为分离而造成的父女间某种隐约的生疏，张艺谋当时有点不习惯和末末单独吃饭，有人作陪似乎更好，但我也能同时感觉到他努力调整和很快完成的适应。毕竟血浓于水，何况张艺谋在适应性上远胜于常人——随后，父女间的情感很快建立和巩固。我想，末末在她未来的导演生涯中，同样是最值得信赖和依赖的合作者。

三

一个据说很准的伪科学实验：竖起大拇指，尽量向后扳，第一横纹上面的指端部分向后弯曲的幅度越大，其适应环境的能力越强。我试了试：笔直，自己不是个随机应变的灵活之辈，我的轴，我的较真和僵化，从身体功能性看属先天性的。对比之下，张艺谋拇指上端的弯曲弧度很大，似乎也佐明实验的准确性。但我觉得，张艺谋有个短板，他从来没有得到出色调整，一直是他的障碍：他不懂制度化与行政化的公司管理。

张艺谋只喜欢干自己感兴趣的事情，他自己不想干的事，尤其那种缺乏创造力的杂务，他反感和排斥，一听就烦，最好不要扰乱他的视听。除了对待电影他事无巨细，剩下的，张艺谋希望交由别人代管——从类型上，他确实需要一个“张伟平”这样全面接管的操盘手。张艺谋甚至没有留意其中渐生的危险，被管得越来越多，他的自由也会陷入被管的危机。也许，这是一个不愿全面管理自己的人所付出的代价。

张艺谋的角色是创作者，他的热情和能量集中在那个领域，完全不是工商管理学精英的料儿。他不擅长制定奖罚分明的劳动制度，情绪化代替理性。有一次集中看片，到了约定时间，剪辑师迟到了。张艺谋责问：“是谁通知的剪辑师？”是小助理通知的，并已和剪辑师反复确认，这里没有通知者的任何过错。然而，剪辑师的电话无法接通，粗剪片由她一人保管和开启，她不到，一屋子人就得活活等着。张艺谋急得没有理性的时候，糊里糊涂觉得：应该严重批评小助理。幸亏被在场者的提示和反对，他才恍然大悟般，惩罚只应针对迟到者，其他人无责。

张艺谋很少表扬下属，最早认识他的时候，我认定这是一种掌权者的积习，后来发现，这也是严格要求所致。张艺谋认为，把工作做好是天经地义的本分，一旦没做好事情，被批评同样理所应当。张艺谋说：“如果达不到要求，我不会违心地表扬，哪怕出于礼貌的敷衍也做不到。我明白，作为导演，应该及时给予鼓励，这是职业需要。可我不行，这是缺陷。”

记得巩俐刚刚拍完《归来》，只有少数人看过尚未定稿的粗剪片，我算其中一个。巩俐不踏实，忐忑地问我观影印象，让我好生诧异。我认为冯婉瑜的塑造，对电影的完成至关重要，她也是巩俐表演实力的巅峰呈现——因为，我已辨识不出其中的巩俐，就像分娩而出，冯婉瑜成为独立而完整的新生命。我跟巩俐说：“你有什么可担心的？不管电影未来命运如何，哪怕是个泰坦尼克号呢，你也坐上救生船啦。我们还得在冷水里泡一会儿，正想办法搭上你的皮筏子逃生呢。”我感到奇怪：“看过片子的人都夸你，难道，导演没有表扬你吗？”巩俐说，她心里完全没底儿，导演从不褒奖，在现场拍片时同样如此，顶多被追问之后，张艺谋回答一句：“没问题。”即使在他们两人感情最好的时候，巩俐问张艺谋：“你爱不爱我？”吭哧半天，终于得到三个字的答案，可惜是与众不同的三个字：“没问题。”

张艺谋对自己熟悉的人，不会斟酌方式方法，有些话不假思索脱口而出；而间距远者，他倒妥帖而礼貌，媒体记者和初来的访客会被他的温和态度惊着。张艺谋越直接，说明越不拿你当外人。话说回来，给要求严格的张艺谋干活，工作人员本来就压力大，在他这种“做得好应该，做不好应该检讨”的原则下，纵理解万岁，也难免心怀忧怨。

我家住昌平，接到张艺谋电话紧急开会，而要赶到位于东南四环的工作室颇费时间。我事先告知：“我现在立即出发，路远，一个小时之内我肯定到不了啊，别觉得我磨蹭。”声明无效，我在四环的数个路段都接到助手的电话：“导演问你怎么还不到？”别说堵车严重，就是我开方程式走赛车道，也不可能在他话音刚落，就光速般抵达会议室啊。

还有一次，我正兴高采烈地春游……突然被打断，因为接到他 119 般的火警电话要求我火速赶到办公室。我以大局为重，像黑旋风一样跑过去。谁知张艺谋像刚遇到什么烦心事，拉着一张比黑旋风还黑的黑脸进屋，谁都对不起他似的。没说几分钟话，他就带着不耐烦：“好了，没事了吧？就这么着，我还有别的安排呢。”打道回府的路上，我想着他那一脸轰苍蝇的表情就觉得自己是被打发回去，我悲愤地自言自语：“以为我多想来见你呢？以为我多愿意跟你说话呢？你以为我放着悦目的花红柳绿不看，非要来观赏你这套苦大仇深的五官？你以为我多喜欢伺候你呢？我恨不得大刑伺候！呸！呸！呸！”我忍不住按了一声喇叭来表示内心的愤慨。我还没到家呢，又接到张艺谋的电话。他什么事儿都没有，聊起刚刚想起的一个好主意，他的语气里因为意外的偶得而颇为喜悦。

四

张艺谋事务太多，不可能让他做到心细如发，明察秋毫。只有在创作领域，他面面俱到，恨不得事事躬亲；人际周旋上，他让人恼怒。

张艺谋到程十庆位于东三环的办公室，看到书桌上的笔墨纸砚，信手拿起毛笔，准备小试锋芒。写我名字的时候，张艺谋歪头犹豫了一下，不知道我名字怎么写了。拜托！我已经跟您老人家工作五年了好吗？他还是会在交接的信封上赫然写错成“周晓峰”。张艺谋接着问给他当助手多年的庞丽薇：“哎，你的名儿有草字头吗？”他拿不准是“庞丽薇”还是“庞丽微”。这听来令人遗憾，因为他显得如此不关心周围，数年竟不知道下属名字的准确写法——得多自我，多冷漠，多自私，多不顾及他人，他才能有这样的无视啊！平常越替他着想、事事以他为重的下属，越容易产生伤心和不满。

然而，假若你知道下一个细节呢？有一个周末，张艺谋在家里摸着他长子张壹男的头，感慨：“壹男啊，都长这么高了，你上几年级了？”

张艺谋得到了那个他因忽视而生疏的答案。张艺谋毕竟是父亲，可连孩子上几年级都不知道，他不管学业和生活的细则，这些都是由妻子陈婷打理。下周，同样的时段、同样的情境下，就跟场景又重拍了一遍似的，张艺谋摸着壹男的头，又发出一模一样的感慨："壹男啊，都长这么高了，你上几年级了？"无言以对的孩子，只好沉默着转身离开——我不知道这是不是表达抗议。

若想让张艺谋为你考虑得事事周全，不可能；但若你的诉求合理，他也一定不为难别人。打个比方，张艺谋在那里吃肉，如果你想要块骨头啃啃，他没意见，舍得拿出一块给你吃。不像影视圈中的许多人，别说分他的肉了，汤都喝不上，他恨不得把你手中的半个馒头抢过来。可是，若你忍饥挨饿地待在张艺谋旁边，你别指望张艺谋能发现你掉到手背上的口水……更极端地说，你就是活活饿死在他旁边，他都未必发现。张艺谋不是察言观色然后八方送温暖的可人儿，他沉浸在他自己的世界里，都没注意他自己手里抓着、正往嘴里送的是什么东西——我怀疑，即使他啃到的是自己的手指头，痛感也比常人慢上好几拍。

《归来》突然被调去审查，十几个小时毫无音信反馈，不知能否通过。张艺谋中午给我打电话，告知这个令人忧虑的情况。从接他电话到当晚七八点钟的时间里，我魂不守舍、食不甘味，紧张又恍惚，比失恋还难受。到了晚上，实在忍不住，给庞丽薇发了短信，说无论几点，只要有消息请立即通知，我在等靴子掉下来的过程中就像在等刀子掉下来。庞丽薇说，他们下午早就得了信儿，片子通过，还获得好评呢！

我一方面如释重负，一方面气恼不已，给张艺谋发短信质问和声讨："为什么警报响起的时候告诉我，等警报解除的时候你倒逍遥了，留我在黑暗里继续提心吊胆？！"张艺谋回电话："哎呀，我一高兴，忙别的事就把你给忘了。”张艺谋这点好，他实诚，不编个高级借口来吓唬你，也不否认自己忘了，他的诚恳容易达至谅解。

更何况，这件事说起来是我过分和苛责。我自己游神散仙似的，终日闲得哼哼，同时也是夸张的健忘症患者，经常因为这种生理缺陷而被怀疑为傲慢自大的品德缺陷。张艺谋每天的事儿密集衔接，他都没有悠然喝茶的工夫，我们不应该要求他百密而无一疏地牢记桩桩件件——那他就不是张艺谋而是速记员了。

从某种程度上说，张艺谋实在不是个生活艺术家。电影让他忘却烦恼，而生活里，一脑子乱七八糟的琐碎官司令他被动与无奈。遇到合作顺利的搭档，他下次就不想换张儿，回回找他。对待下属也是，谁办事利索、体面、灵活，张艺谋就找谁，他不会过脑子想想，劳动量的分配是否得当。我想人人如此，都怕麻烦，我们在心理上自然依赖那些令人放心的靠谱者，就像电走捷径，知道两点之间直线最短。张艺谋的管理水平不佳，奖惩制度不够严明。他做事力求高效，结果是鞭打快牛；谁不能干，张艺谋发几句牢骚之后也就算了，这使混事者也容易存活。

认识张艺谋之前，人们往往受到坊间流传的影响，觉得他的形象和行事都令人起疑。合作者一开始，未必喜欢他，最初长达几年，我都难以克服对他的敌意。真诚的人要比虚伪的人更快地暴露缺点，因为张艺谋不做技术处理。我们说：路遥知马力——然而，路远到马都乏力的程度，能否坚持到终点？一百个上路的好人，99 个死在路上，只剩一个成为终点的幸存者；问题是，他势单力薄，怎么对付途中不断加入的投机者？

张艺谋似乎只宜和君子交往，说起来，其实是不适合与人交往；因为人分好坏，不可能我们遇到的处处光明。只适合交往好人的人，往往把人往好处想——乃至，混淆是非，分不清好坏。

五

张艺谋跟新画面的合作分开之后，在没有签约新公司之前，我对张艺谋强调："你不擅长管理，一定要依靠严格制度来保障公司的运营与维护，不能靠人治，因为你这个性格到最后肯定会变成被人治。"张艺谋大加赞同，连称对对，以后一定要按制度管理。

张艺谋从成立工作室到公司，他全权信赖原来的助手、后来兼任的总经理庞丽薇。从外交、财务、人事、后勤到细枝末节的纳米级问题，他差不多只针对庞丽薇一人。庞丽薇数次向张艺谋反映，不能自己一手独大，应该让部门管理者分别针对张艺谋，形成权力的分割与监管。庞丽薇倒不是工作量沉重而心生抱怨，她只是觉得术业有专攻，自己再努力，也做不到24小时的雷达，而一个时刻绷弦的紧张者难免出错。张艺谋不听这些的道理和分析，他的行事风格并未改变，所谓"按制度管理"，他只要求庞丽薇严格执行——他自己不在其中。

庞丽薇拿来报表，张艺谋一看就晕，说："还是口头汇报吧。"庞丽薇觉得不妥："口说无凭啊！万一出现问题，你说我那么说的，我说我不是那么说的，怎么办？"方方面面、琐琐碎碎的管理事项，张艺谋才不耐烦，他那句不由分说的口头禅是："我不管！"事实上，我不认为与新画面公司分手之后，张艺谋在管理方式上有任何本质的飞跃。

是的，"我不管！"，非常耳熟。

在选择题材方面，张艺谋没有一个雄厚班底。除了朋友的信息、其他影视公司的自荐，最初合作的数年间，选题这块儿，基本上只我一人专门负责。我当时的主业是文字编辑，业余爱好是散文写作，电影只算消遣，我不具备任何专业知识。相当于，我只能拿出三分之一的精力从事张艺谋的策划，要读小说和剧本来找素材，又要找编剧谈合同，更要参与剧本的整个讨论过程有时甚至包括创作，自感能力不足。

我建议：“剧本是一剧之本，是最重要的启动环节。如果说你的电影是列火车，我相当于奥拓的发动机，根本带不动整列火车运行。你能不能再找几个人，我们组成一个策划团队？可以各有侧重，比如我不擅长商业片，那可以找到更优秀的人扛鼎。如果需要，我打配合；如果不需要，我可以轮休，腾出精力来准备下一部片子。这样的话，我们之间可以形成竞争关系，有比较，谁也不敢偷懒，可以提高劳动效率。”

张艺谋觉得我的比喻准确——发动机薄弱，需要升级换代。但，他才不会就此修改习惯呢，张艺谋嫌管理那么多人麻烦：“好吧，你组织几个人，他们平常跟你交流，然后你告诉结果，我只跟你开会就行。”我反问：“那等于，我除了策划，还要增加一堆人事管理和协调，我没那本事，不会啊。”立即，我听到张艺谋著名的口头禅：“我不管！”

在与新画面合作期间，我的片酬未能如约与编剧费用挂钩，等张艺谋的公司正常运营，我的片酬终于回归正轨，按以前约定的，以编剧费用的某个比例提取。我建议张艺谋，应该找另外的人和编剧洽谈片酬：“编剧拿得越高，我的片酬就越高，从利益讲编剧和我是一致的。你让我单独和编剧谈，怎么能保证我不与编剧合谋起来哄抬价格，然后我自己从中获益呢？你怎么能保证我人性的贪婪不被激发出来，刚开始占小便宜，渐渐要占大便宜呢？如果我从中作梗，偷偷吃回扣怎么办？”通常规则是，一个知道双方底牌的人是不应参与游戏的，因为他会变成潜在的作弊者；而且，就算我坦荡无私，秉公裁决，万一编剧漫天要价，我怎么自证清白呢？张艺谋说：“再找别人麻烦，还是你去谈价钱吧。我就这样，用人不疑。”我退一步：“要不然，你找个人在场陪同，也算监督行吗？”他第二遍回答问题的时候，已有克制中的不耐烦：“哎呀，我说了用人不疑，你一个人去吧。”至今，我依旧靠着自律来工作——尽管我的建议更为科学和规范，但没用，张艺谋不管。

张艺谋那种绝对的不加设防的信任，对待曾经的张伟平、现在的庞丽薇、偶尔的我，手法是完全一致的。这使张艺谋容易导致局面上的被动。遇到好人当然好，遇到坏人当然坏。好人做事凭良心，当然让他省心；防卫系统薄弱的张艺谋一旦遇上居心叵测者，他的命运被捏在别人手心里，处境可能不堪乃至危险。假设庞丽薇这样身居要津的人突然翻盘，他可怎么办？幸好，庞丽薇聪明又忠诚——虽然这么说不合适，但我觉得庞丽薇几乎以一种母性来宽容对待张艺谋的一切。但是，怎么都是这种类型？包括我，属于做事认真的、脾气温和的，也曾经像刺猬，一边团缩，一边乍起全身反抗的枪刺，对张艺谋提出过两次正式的辞职申请。

辞　职

一

初见张艺谋时，我是玩票儿心态。我的阅历太浅，了解的跌宕起伏仅限于书本。现实中的我，太平庸。我的职业生涯只做过编辑一项，婚姻是嫁给了第一次谈恋爱的人，且一直生活在父母身边，没有生育更使我缺乏成长和责任……一天又一天，日子是复印机下面取出来的，千篇一律。给张艺谋做文学策划，足够刺激我的好奇心。

那时候，倒没太多虚荣心。张艺谋在我们那个小圈子不是闪耀光芒的正面形象，非议颇多。另外，我没有经验，不知自己有无工作能力，没准刚跟朋友传播，我就被开除了——那岂不自取其辱？所以，我只告诉了父母和极少几个朋友。

奥运会结束之后，因为拍摄《三枪》准备要用小沈阳，我陪着张艺谋和史建全去北京展览馆看他的二人转演出，被记者偷拍，登了报纸。我到《十月》杂志社上班，同事举着《北京青年报》上的照片质问，我支吾着掩饰不过去，算是被抓了现形。此时，距我从事电影策划，已经过去两年多了。

我自认是个过路者，对张艺谋的态度，尊重归尊重，谈不上小心翼翼——完全不是无欲则刚的道德高度，我只是任性且脆弱，难以容忍自已在他人眼中显著的谄媚。另外一个现实原因：这活儿，不好干——所以张艺谋想解聘就解聘，想开除就开除，我不怕。

接触此行之前，不言自明地，我把一切不足归罪于张艺谋。说起来那么多好故事，那么多好编剧，怎么也能找出个好坯子啊，张艺谋何至如此局促？我觉得他没有下到工夫。

据说张艺谋编起剧情亲力亲为，这算优点吗？也许是他把人家踩到坑里，才降低了作品本应的高度。我虽不熟悉电影行业，但熟悉作家圈子，我想自己的专业或许有所助益。

等真操作起来，看看作家浩如烟海的创作，有几个故事令人心动，有什么想象令人折服？跟踪文学杂志，不错过热点和年选，可找出理想的选题绝非易事。进入视野，尤其是进入内心的好作品凤毛麟角。一旦发现目标，先别欢呼，众多影视公司可能先下手为强了。找编剧也是问题，价格、档期、署名，文人敏感，处理问题稍有不慎就带来剧烈的抗议。周围有很多口头神仙，落实笔头，让人哑口无言。

也可能主要原因是我能力不逮，说这些不过托词。有时剧本未成，开拍在即，用张艺谋的话说："得从鸡屁股里抠蛋。"张艺谋总在无米之炊的焦灼里，从来没有在题材上彻底吃饱过。为此我心怀愧疚，也有畏难情绪。

还有，就是张艺谋的工作方式，太玩儿命，我甚至没有抱怨的资格——因为我的劳动量和张艺谋相比，是小数点后面微不足道的部分。

二

怎么能忍受呢？五万字的剧本篇幅前前后后大改无数遍，还不算局部调整，加在一起超过百万，甚至达至几百万字。其结果，是我对剧本视若畏途，看见分行我就头大，而且好大好大。其他影视公司请我兼职或帮忙，我推三阻四，死活不依。他们一定以为我无比傲慢，我也听任这种误会。如果可以，我愿当看电影的而不是做电影的。观影多享受啊，制作电影的过程太受罪了——如同我爱吃排骨而不愿养猪。

影视表面华丽，热闹不已——全年利润，抵不过房产鼎盛期的几个楼盘。电影工业，说起来就是一条由肌肉组成的流水线。数年多人巨额奋战的结果，换来短暂的两个小时。如同早年科学家从数吨重的沥青铀矿中，经过几千次分馏才能提炼出一点点纯镭，不仅熬心熬骨，还可能被放射物质害惨。电影从业人员，尤其是承担艺术品质责任的导演和承担经济风险压力的投资人，风光，但同时也是一种高危职业。

我不会干行活儿，投注的心力特别大。惊恐，自感责任重大，好像我有什么不留神，就会出现什么疏忽。张艺谋提得起、放得下，我相反，属于典型的既提不起又放不下的类型。即使一个项目张艺谋在心里画了句号，他早就改弦易辙，我还在惯性的消耗里，情感上覆水难收。

每部电影的上映期，我的睡眠非常不好，白天晚上地刷屏，看相关的评论，无法自控。我恨自己的柔弱。干这行，必须要承受，荣，以及比这更频繁的辱。即使我心里明白，没有什么会让所有人满意，尤其是艺术创作。我说服自己，被骂有什么关系？有时唾弃代表了公众的正义感，有时魔鬼也骂耶稣，我们不必追求万众瞩目的欢呼，只要能从中吸取教训，反省自身错误就可以了，不要沉浸在自我折磨里。可我就是难以自控，不断溺身于口水战之中。

刘恒请篆刻家赵增福为他专制一枚印章：“章血一色”。赵增福情痴于篆刻，我看过满满数箱他自己作品的印谱，颇感震撼——岁月流逝，他的一呼一吸都在刀锋转动之间。刘恒自创的这条隽语太有力量了：章血一色。我做事拖沓、懈怠，但在情感投入上倾尽全力，焚身以火——不知是否唯此，我才觉得自己跟圣女贞德似的，在壮烈而完美的牺牲中自感沉醉。

小说家程青跟我交流经验，她说不要把自己写到气绝的程度，不必心衰力竭，要游刃有余，要为下次进步预留空间，所以她始终保持分寸感的控制。我不行。大学时候就开始写东西，每次我都希望抵达自己能力的极限。连我都讨厌自己这种假模假式的隆重仪式感——至于吗？每每都跟要写遗书似的那么庄重？可同时，我又觉得，事若不尽情到绝处，若不用自己的血肉撞开边界，我们永远无法延展自己，必须向死而生。我没有程青那样的优雅，如果生硬地东施效颦，我会在自我疼惜中迅速萎缩。所以，性格使然，无法进退自如，只能单刀赴会。

卡夫卡说：“这头牲口夺过主人手中的皮鞭来鞭打自己，意在成为主人，它不知道，这只是一种幻想，是由主人皮鞭上的一个新结产生的。”我时常怀疑自己的责任感，是否基于相似的原因——都是一种显在或潜在的不自由。

三

我的鲁莽与执拗，对张艺谋来说，也许意味干扰和折磨。张艺谋说我偏执，只要一个坎过不去，我就不依不饶。他认为应该从大局入手，小的不合理随后修补；可我认为，如果没有打通逻辑的血脉，装卸情节只会导致作品的生硬而不是生动。张艺谋说："咱们能不能把注意力放在建设性上，先别拆台？你总是这样，一粒老鼠屎不好，就说整锅汤都是坏的。"我不服气："咱们为什么不能先看清楚，到底是花椒还是老鼠屎？明白了再行动不迟！你先着急往锅里扔，也不想想，老鼠屎落到汤里，再滗出来多难！哪怕粒儿取出来了，味儿也混进去了！"

我生自己的气，这是干什么呢？经常进行无望而滑稽的斗争，我像一只螳螂想指挥交通，一只甲壳虫想扳动铁路道岔。神话里说卡珊德拉具有预言能力，但总不被信任。我有几次事后证明正确的建议，当时未获张艺谋采纳。数次教训之后，我会提醒自己，要更坚持，以免重蹈覆辙。但，张艺谋全听我的就真对了吗？才不！每个人均如此，愿意放大个人力挽狂澜的功绩，淡忘自己的错误。不管怎么样，效果是我越来越固执。文死谏，武死战，我经常以死战的方式向张艺谋死谏。

我尝试过一个行为风格测试，把人群分为老虎、孔雀、猫头鹰、考拉四个大致类型。我既无老虎型的绝对掌控，也无孔雀的热衷炫耀，除了一半儿的猫头鹰：讲求程序的公正与正义，剩下的一半，我完全呈现为考拉型的放弃人格：温顺、畏惧争执、易于气馁和退缩，非常容易接受他人的心理暗示和行为安排，被动，被动，还是被动。一半是猫头鹰，一半是考拉——造成我既追求精确无误的执行能力，又害怕争端。所以与张艺谋辩论，以及由此产生的一系列刻薄或强硬的反驳，我并无对攻中的快意，感觉自己令人厌恶，尤其，是令自己厌恶。每天充当爱插话的乌鸦嘴：我脑袋空、嗓门大，浑身都是一股不祥的气息，这和我幻想中温和的自我形象大相径庭。我经常气急败坏地开车回家——汽车的后视镜里，是一张乏味、苦相、令人三观尽毁的更年期的脸。

2013年，我如愿调入北京作协成为驻会作家。太大的馅饼从天而降，重量如同铁饼，我在突如其来的幸福中虚脱起来。此前我一直兼职，是职业化的三心二意——白天编辑，晚上策划，在杂志社和工作室之间接力，我体力不支，晨昏混乱。

蔚为悲壮的一次，令我付出了痛悔却无济于事的代价。有段时间张艺谋疯狂熬夜改剧本，创我个人纪录的，是从下午两点奋战到第二天早晨五点半。我走出工作室所在的小区大门，看到“东方泛起鱼肚白”。那段时间，连续熬夜，我累得直说胡话，几次都把“十三钗”说成“十三陵”……我就这样视线恍惚、精神错乱地进了门诊去补牙。

我牙齿不整齐，但我从不为此自卑，相反，自得于两颗淘气的虎牙——那是我作为猫科动物的痕迹。可原本正常的补牙，被劝说为正畸方案——女牙医善诱，我又轻信，在当时的氛围里，我觉得拔牙仿若剪指甲一样是再寻常不过的事，竟然糊涂到同意。活活被拔去三颗好牙，直到嘴里的麻药渐消，面部僵硬的我，牙齿咬着浸血的棉团，活像刚吃完人肉，我才意识到灾难。本以为跟着张艺谋能过上花天酒地的日子，没想到，咔、咔、咔，三口没咬上肉，牙还崩没了。

也许是由于特殊的瘢痕体质，也许上当后的悔恨与幻灭，正畸带给高龄的我难以形容的痛苦。齿隙宽了，露着暗黄而崎岖的牙柱。牙缝比牙大，吃一顿藏一顿，中午吃葡萄，晚上就能自己酿葡萄酒。

问题是，灾难过后，我变得分外难看，脸就像被平底锅重重拍击过三次。本来就长得乏善可陈，这下好了，黄鼠狼专咬病鸭子。以前的下牙像隐藏在乐池里的交响乐团，无论旋律怎样起伏它们含而不露；现在牙齿数量稀疏了，反而显得多了，因为，它们争先涌现出来，变成一些神头怪脸的暴发户争相坐上主席台——其俗入骨！左右脸变得不对称，嘴角一边高一边低，法令纹深陷，我就像被生活扇了一记耳光那么歪斜着脸。有些小事，就像牙一样，决定、影响并终生改变我们对世界的咀嚼和消化。正畸破坏了我的对称。也许被扭曲，恰能如实反映我的心境。

自从我的牙齿从立体的3D，做旧成黄暗的平面老电影，我心理上的青年感就结束了，被时间一脚踢进了准老年。我想，这都是倒霉的电影害的。

四

从眼光、见识、理论水平到媒体应对能力，我不如张艺谋的前任文学策划王斌。人家经历与张艺谋漫长的合作，捡起笔依然能纵横小说和评论。我怀疑自己还能否重出文坛的江湖，所以从未摆脱内心的焦虑。意欲离去，我又不忍面对孤军奋战的张艺谋。如果我奉献够了，到了自己都腻味的程度，我就可以安全离场，就可以如释重负而毫无愧色，不会不忍和不安。

身心分裂，导致我在2010年第一次递交辞职——回想起来，的确像欲加之罪，我简直是找碴儿开溜。

我的工作需要找编剧，并协调编剧和导演之间的关系。那种早晚都要给的钱，我希望早给编剧；不要等最后，甚至拖欠几天，都容易招致编剧不快——活鱼摔死了卖，对谁都没好处。财务没错，在资金不到位的情况下，付款要有轻重缓急。我知道文人自尊，所以不用编剧们出面，我督促财务尽快付款。但几次催促之后，恰赶上资金不到位，就挫伤了我的面子——我感觉自己像个替人要饭的。

摊子大了，必须严格把关，否则窟窿一大，就会有漏网之鱼。我这个活儿要结交编剧，有时要有餐费什么的。我对数字糊涂，又疏于文件管理，确实做不到财务水准的精确。时间一长，我拿着发票犯迷糊，回忆不起当时情形。但我并非贪婪，我愿意自己拿到的每一分钱，都无惧于他人的知晓，所以我格外承受不了怀疑。会计按正常程序走的，需要在每张发票后面签署和谁、在哪儿、由于什么原因而吃饭……当我目光迷茫地陷入往事的泥沼之中，我会因财务人员的责问语气而敏感和憋屈。明明是自己的错，却由不得别人说，我新愁旧恨，潮汐翻涌。

都说影视圈里乱，嗯，我信。不过，对我来说，张艺谋工作室的环境简单，没有任何复杂的办公室政治。我之所遇，其实是一种与众不同的简净？不知道，其他环境，我没尝试和比较过。也许，这是我的好运也是我的局限——我就像一只放进保温箱里的嫩如婴儿的小蛆，越来越娇气。从阴差阳错地误入此行，到过程中耽误精力的种种消耗，想起来就不高兴——反正我一赌气，就想辞职算了。

这次张艺谋算是跟我有个短暂谈心，我直言不讳地谈及不满。他高效而富于诚意地解决了我的思想问题，多少让我不好意思，觉得自己矫情。虽然放弃策划的确是我当时的内心选择，但从效果来看，几近是一种职场上的撒娇和耍赖，让我略感羞愧。

五

第二次辞职不一样。因为有了第一次近似戏言的失败，第二次不能重蹈覆辙，我写了辞呈，自感语气坚定、心肠冷硬、去意已决……结果，还是没辞成。

我怀疑自己不喜欢电影策划，除了兴趣，还潜藏着一点也不高尚的理由。在最早的数年里，其经济回报，不是我的朋友们猜测和设想的那般可观——至少对我来说，它远非高到可以收购文学梦想的程度。刚开始时我不计较，甘愿自降身价，因为电影对我来是业余的、过程的、翻闲篇的，它只是一份增加个人收入的短工，不能成为生活里的主轴，我甚至不准备把它当成一根辐条。我抱着得过且过、随时撤退的心态，如同浪子对待并非为婚姻而准备的感情，没想过自己需要支付的沉重责任。另外，张艺谋自己的经济状况，远非传播学意义的土豪。当然不能用悲惨来形容，但它和盆满钵满的财富想象，距离遥远。所以我舍弃这样工作和薪水，不觉得可惜。

和张伟平分手之后，在张艺谋最为困难的风波时期，维护运转颇为吃力——是在分手之后，张艺谋才把自己的工作室注册为有限公司。作为总经理的庞丽薇已经想到压缩和克扣自己的工资，来减少运营成本。出于情感和道义，我觉得自己该有所分担。那一段时间，我基本不报销汽油费和通讯费，包括跟编剧交往的餐费，自己担了，并没有攒起票据来等待补报。并非邀功，做过的事情属于自愿，我无意放一笔情感与道德的高利贷，需要张艺谋他们连本带利地高额偿还。

熬到与乐视签约，终于松了口气。重打鼓，另开张，各个部门都需要进行衔接，需要一些财务上的核清。那天，张艺谋突然沉着脸问我："为什么在剧本成本上花费了这么多？"我愣住了，他的表情，包含了潜在却明显的谴责。我申辩了两句，他还是一脸质疑。

问题是，张艺谋根据财务人员报来的数字作为依据来批评我是不对的，因为它远远高于实际开销。

与编剧的合作，受预算所限，我们会因能力或价格而换将；过程中，也会因各种各样的原因而终止合同。举例，假设我们与编剧签订的片酬总计为30万，这30万是分批领取的，每稿按比例拿，如果双方中途解约，他拿不到全款，可能只是其中10万。换下任编剧，步骤同样。项目众多时，账务难以及时了解进度，就把所有预算加在一起。这就意味着，如果我陆续找到三个编剧联合完成电影，每人都花费了10万；但财务根据合同，关于片酬合计就是90万。张艺谋拿到那个庞大的数字头疼不已，他又是个对大数字不敏感的人，没有发现其中出入，再加上还要额外拿出一笔钱支付我的策划费——他恼火于电影未开机，已经要花这么多钱了。他的口气里虽未怀疑我在其中做了什么手脚，但至少说明在成本控制上，我是失职乃至失控的。

接下来张艺谋要处理其他事务，不能耽误。我当场并无态度上的激烈反应，只是依靠记忆，心平气和地给张艺谋列了一张清单，让他跟财务报表实际对比一下，看我的数字是否属实。然后，我不动声色地离开工作室。

这么多年来我和电影圈基本上没交道，仅仅因为与张艺谋的个人关系，我才一直坚守岗位。有的事情，对我仅仅是责任，我会尽力，把被迫的责任表现得活像热望中的爱好。比如《三枪》和《山楂树》，我的态度近于一个力争合格的做作后妈，努力是努力，但并非从内心分泌的亲情，多少虚伪。而《金陵十三钗》和后来的《归来》，我觉得自己投入太多感情，恨不得把骨头当柴烧——我知道自己做不到职业的冷静，从某种意义上，相当于只会谈恋爱不会卖淫，最后入戏到把自己榨到山穷水尽的地步。

我干活不惜力，但做人存在致命弱点：受不得委屈。这点，倒和张艺谋的隐忍特长恰成反差。我明白张艺谋并非专门要剥削我，不过就事论事，看能否压低制作成本。但心重的我回到家，越想越不舒服，越想越别扭，越想越气。哼，张艺谋啊张艺谋，你以为我反而给你添了麻烦是吗？也不调查清楚就冤枉人！

我本来就怕涉及钱款，怕自己被嫌疑为高价的秘密获益者，几次提出让制片主任或者财务经理去谈判，都被张艺谋以“用人不疑”回绝。我敢说，自己多年来对得起这份信任。如今，张艺谋签约刚成没几天，好像，我倒成了某种隐约的拖累。

我尽量体谅别人，也希望别人能够体谅我——这种合作方式缺乏契约精神，我吃亏也受益于此。张艺谋的处理方式不妥，比损失利益更重的，是对我精神意义的挫伤。越重情义的人越敏感，我的极端就此表现出来：就感情而言，我可以领最低工资甚至义务劳动；一旦伤及感情，给我再高的工资也不做。我的性格同样是遇事能忍则忍，很少把负面情绪带入工作的具体环节之中。尽管我不会在过程中讨价还价，但一旦触及底线就难以挽回。

困难阶段我曾想，只要熬过这个特殊阶段，不管跟谁签约，都会有策划团队前来接应。当我得知，这个虚幻的豪华阵容并不存在，乐视队伍还在组建和调整期……我眼前一黑，觉得长期支撑自己的幻想垮了。后来想想，我也太高估自己了，只要资金支持，什么都可以从无到有。无论镀金还是学艺，到张艺谋这儿来的应聘者肯定趋之若鹜，既便宜又具选择性。我盼望他能早日找到有效的策划班底，如果遇到好剧本，我相信他会释放令人惊讶的实力。所以，我根本不必杞人忧天，明明是个挡道的，还以为自己是交通协警呢。我想清楚了，于是连夜给庞丽薇写了封拜拜信。

六

因为张艺谋不会操作邮箱，给他的邮件都由庞丽薇转交。庞丽薇和我交换意见，大约一个小时之后，张艺谋打来电话。他不知道我的邮件，是想说别的事儿，我误会了，以为庞丽薇转给了他邮件，他是来宣战的。我的情绪尚未平复，少见地，用生硬的态度反问：“导演，你知道我做电影策划这么多年，收入是多少吗？”

他当然不知道。张艺谋的心态是越安全越放松，对离自己近的人，非常粗心。这是他招人恨的一面，让人觉得给他卖命真不值——你就是在工作室里满地打滚，他会疑惑地想：拖地为什么不用墩布呢？他绝不会想到你是肚子疼。在张艺谋这儿，好人不占便宜，坏人不吃亏——我看还是当坏人更实惠一些。凭什么呀，我要挨那个累，担那个惊，受那个怕……完了接着受气？我才不干呢！

“童言无忌”，这是美化说法，其实我是不太懂事，表达上横冲直撞，缺乏技巧。胡抡一通王八拳，我挥汗如雨、眼花缭乱，不知道是乱拳打死老师傅，还是老拳打死乱师傅……也许老师傅和乱师傅都安然无恙，唯我气喘如牛，两只爪子肿成拳击手套。记得2006年与张艺谋见面不久，就有朋友想把我介绍给其他导演做策划。以我的性格，估计难与别人长久合作。好在是张艺谋，我有什么观点不用藏着掖着，他不计较。

张艺谋和我在电话里沟通了一个小时，他坦率地进行自我批评，倒教我觉得自己心胸狭隘。但凡与张艺谋合作过的人，很少交恶，哪怕过程中再恼怒和愤恨，也能在事后达成谅解。伴随着他的自我批评，我也检讨和反省自己。那么忙碌，怪他不照顾别人看似合理，其实已是苛责。看看他把自己照顾成什么样儿？张艺谋的家人又跟他享受了多少的安宁幸福？对他自己和他最为重要的人，都不过照顾到那样的水平，还能期望他对团队中的每一个体都嘘寒问暖，做梦！经过彼此的批评与自我批评，我们在电话里已经冰释前嫌，好了伤疤忘了疼地讨论起电影操作了。

数天后，我在外地旅游，接到庞丽薇电话。她说，张艺谋查了我的收入情况，由于各种各样的原因，几部电影确实没按原来约定的数目支付片酬。可剧组已经解散，账目已经封结，张艺谋从他自己的私人账户上打了一笔钱给我作为弥补，让我查收一下。

没想到，张艺谋会这么做。我既感动又难堪地给他回复了一条短信。张艺谋本人从未提及此事，可能他也不好意思。张艺谋不愿意在道德上亏负，估计能拿钱弥补的，他不亏欠，不愿装傻充愣地欺负别人。对比之下，我觉得自己缺乏风雨同舟的担当，表面上磊落，内心里还打着小算盘。别说相比庞丽薇了，就是与工作室的其他人相比，我也逊色太多——小文人和老女人的计较，在我这儿合二为一了。

尤其，那个时候，张艺谋从乐视拿到首笔签约费，刚刚摆脱经济上的狼狈。我也知道，这么说耸人听闻，没人会信……然而，实情如此。

搭　档

一

大众对张艺谋的想象里，他拥有穷奢极欲的生活。每个人都从面包屑般的材料里，想象国王的晚宴，想象水晶灯的枝簇，想象浮华香艳的礼服和几乎是神话中的食物、财富和飨宴。一团经过搅拌的谬误，有时很像真理。我亲眼见过一些大众广泛认知的“真相”，在它发酵、膨起、肿胀的体积里，密布漏洞般的气孔……也许，这正是它轻软、虚妄、被反复咀嚼而产生甜趣的地方。

一些媒体指责张艺谋“装穷”。最大的质疑，是因超生被罚 748 万时，调查结果是 2000 年张艺谋年收入 2760 元。怎么可能呢？鬼都不信。所以自然得出结论：张艺谋狡诈，或欺骗政府，或用什么办法瞒天过海，躲过监察系统——就差画个贪婪老农，把一罐罐金子深埋地里。还有可能，是张艺谋利用特权与某些部门勾结，互相包庇。

张艺谋在视频上公开表示，因超生查处的三年，年收入最高为 250 万元，最低为 2760 元，这是导演的特殊职业所定。如果某年没有拍摄，在做剧本筹备，就可以颗粒无收。陈婷一直在家相夫教子，无收入，人们相信。然而，很多人认为张艺谋的收入是笔糊涂账，查清是不可能的。外界并不知情，无锡计生委派出数人组成的工作小组，奔赴各地，西安电影制片厂多年前发放的6万奖金都追查清楚，可谓尽职尽责，就差翻兜找钢镚了。

家庭年收入2760元，匪夷所思！此前，我知道张艺谋的经济状况远非外界传言的那样奢靡，但竟到这种程度，也出乎我的意料。直到2014年1月7日晚上和张艺谋聊天，在追问之下我才明白怎么回事。真的东西，反而有着严重的失真感。这个世界，减肥的胃和挨饿的胃，看起来一模一样，难怪别人难以分辨。无人信任的2760元，辛酸啊——可惜，这就是他当年的真实收入。

网络里遍布的智商精英们，鼻孔里喷出冷气："傻子才信。"可张艺谋明知自己处于全民监视之下，处境被动，就差人人喊打了，请问哪个傻子会傻到这种程度，编造这么一个明显露出破绽的数字呢？不是专等人家挑刺吗？既然是编，为什么不编个仿真的，不编个可以鱼目混珠的数字呢？

何况，那个阶段开始打老虎、拍苍蝇，八条规定和种种具体限制措施出台，对国家行政职能部门的公务员审查空前严格，每天网上都在发布查处和罢免官员。平常谨慎或不谨慎的公务员草木皆兵，连朋友或同学聚餐都能躲就躲——万一自己或车牌被拍下照片，微博上一放，明天就等着吧，不仅仕途大门要关上，还把你放到门缝里掩个半死。风声鹤唳的时候，哪个职能部门的领导，甘冒风险，不惜落个包庇或渎职的罪名，只为保障一个谈不上情分的张艺谋？

二

张艺谋在视频上表达过，但很少有人注意那句格外清楚的话，包括我也没发觉，因为他一笔带过的语气。事实是，从《英雄》《十面埋伏》《千里走单骑》《满城尽带黄金甲》，张艺谋从来没有拿到及时的片酬。直到 2008 年奥运会之后，《三枪》上马，才一起补齐这几部的片酬。

所以被调查那几年，张艺谋没有获得任何电影的片酬，他的收入来自其他方面。根据国家计划生育政策规定，上缴社会抚养费的金额，是根据孩子出生前一年的家庭总收入作为基数来计算的。生张壹男的前一年是 2000 年，张艺谋的家庭年收入 2760 元，来自广西电影厂的基本工资。厂子效益不好，不光张艺谋是每月 230 元，许多人员待遇均如此。生张壹丁的前一年，披露的一百多万来自广告收益。生张壹娇的前一年，公布财产的 250 万，来自《图兰朵》《印象刘三姐》和广告收益。

我还可以公布张艺谋的其他收入。做奥运会总导演，他的收入是每月两万多。需要说明的是，刚刚进入奥运会筹备期的最初几年，张艺谋是义工，分文未取，无偿劳动。2006 年下半年，正式成立了奥组委运营中心，给工作人员发放了工资卡。张艺谋让庞丽薇去办理退卡或捐献手续，他愿意义务为国家做事，不要工资。领导知道后阻止了："你不要，让副导演和其他工作人员怎么办？你等于是在为难别人。"张艺谋这才作罢。做奥运会总导演的收入，合计约为 50 万元。

对了，张艺谋还有印象系列。2005 年基金资本注入之前，张艺谋还有票房分账；之后，基金公司为求项目上市，开始给张艺谋发放工资，每月两万五千块钱，不再有票房分账。操作印象系列的公司如果上市，张艺谋有不到百分之十的股份——当没有签约乐视的时候，张艺谋说，这笔钱就是他的养老钱。但印象公司至今并未上市，所以这笔钱算是望梅止渴。

从某种程度上说，张艺谋靠零敲碎打来挣钱，包括被人诟病的铁道部广告，也曾是他重要的一笔经济来源。尽管他被蓄意谣传为勾结铁道部，但他从未与铁道部签署过合同，是某影视公司与铁道部签约后，找到张艺谋单独签约的。

《英雄》上映之后，张艺谋曾经找到张伟平，说自己这个级别的导演，做电影的收入报税如果数字可疑、甚至为零，是难以解释的，并且牵扯出来的问题很多，不仅涉及张艺谋，恐怕张伟平的新画面公司都难脱干系。在这种情况下，由张伟平公司替张艺谋上了税，而片酬，张伟平当时并未支付给张艺谋。

这算因祸得福吧，幸亏张伟平当年没给钱，否则，按几何级别膨胀的罚金会让张艺谋境况更惨。有些铁面无私的网友判官建议即使张艺谋当年没有收到钱，也应该把后来收到的片酬算到前面，这样罚得才倾家荡产、才狠、才解气。我倒觉得有失公正，好比我2013年出了本散文集，虽然那本书集中了好几年的劳动量，但若算实际收入，当然是按版税实际打入的时间计算我的个人收益。

“张艺谋和陈婷对三个年度的收入的完整性、真实性做出了书面承诺。”这是公诸媒体的书面表达。事实上，张艺谋打印了银行的详细账目，一并出示给计生委——张艺谋自己要求向社会全面公布自己的财务状况，以便完成有效监督。这套相关材料，被计生委带走备案。新华社前来采访的时候，也曾对这套材料拍照和录像，但没有带走复印件。

我不理解此举，问张艺谋：“你又不是被双规了，不是因经济犯罪而被调查，财务状况属于个人隐私，你何必要公之于众？”张艺谋说：“我没有隐瞒，查得越清楚越好，否则百口莫辩。”可惜，并未如愿，张艺谋收入的详细流水没有向外公布，大概有关部门也是出于对隐私权的尊重和保护吧。

三

我第一次对张伟平的名字有印象，好像是 2007 年初的某天。我约女作家钟晶晶讨论一个梗概，张艺谋电话来了：“在哪儿？”一听说我们正开小会，张艺谋说他有短暂的空闲可以参与一下。离香格里拉饭店近，我们约好在咖啡厅见面。

停车场上，我看到张艺谋开的是一辆白色卡宴，新车。张艺谋介绍：“老板给的。”说是老板，我以为是江志强。都说江志强是个特别好的人，我后来的感觉也如此。张艺谋与江志强合作多年，没有任何冲突，彼此都能欣赏和包容——像两个没有牙的人那样谁也害不了谁。不过，我那天弄错了。张艺谋说到江志强时，说“江老板”；而这个送车的“老板”，指的张伟平。

这辆白色卡宴，正是被媒体屡屡偷拍的那辆。可这实在不能说是“给的”，因为车主署名是新画面公司，从来没有属于过张艺谋，是借张艺谋开的。

张艺谋另外一辆借来的车，更富戏剧性，来历要从高仓健说起。

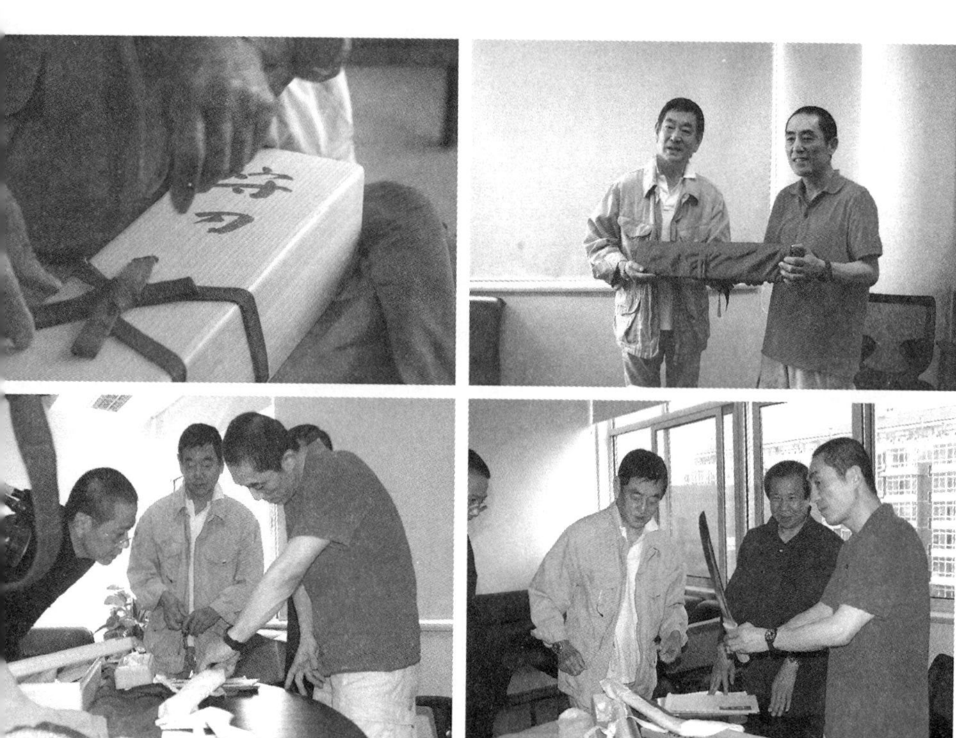

2008 年奥运会前夕，高仓健特意请日本国宝级锻造大师打制了一把刀——在日本，赠送日本刀是男人间崇高的古老礼仪。

高仓健，这个沉默、隐忍的男人形象，在我们这代人中，留下了成长中的深深印痕。因为 1978 年他主演的《追捕》作为“文革”之后登陆中国的第一部外国电影，引起巨大轰动。这位拍摄了二百多部片子的从影者，在日本地位特殊，令人格外尊重。作为一个孤独者，高仓健在日本就像个长年隐居的神。

高仓健喜欢张艺谋获威尼斯国际电影节金狮奖的电影《一个都不能少》，他向张艺谋表达，自己很想参演一部类似这样的电影。张艺谋的《英雄》中，李连杰饰演的无名，最早是为高仓健准备的，角色设计为一个年老的哑侠，当他需要表达，是用指缝中漏下的细沙写字。剧本给了高仓健，但高仓健婉拒。张艺谋事后反省：“我一琢磨就明白了，是我的境界低了，和他相比，我显得庸俗和肤浅。高仓健根本无意于什么商业大片——人家要的是情怀。”张艺谋此后为此花费几年时间，为高仓健量身订做，倾力打磨表现父子情的剧本《千里走单骑》。

《千里走单骑》的拍摄使两人加深了情谊。我错觉，这是两个古代范儿的侠客，一诺千金，去留无碍，他们对彼此的肯定、关爱、信任、惦念和激赏，都不擅言辞，只是无声践行。比如张艺谋每次离开日本，临走之前一回头，总能看到高仓健从某个角落闪现出来，远远地朝自己鞠躬告别。语言不通，更使他们之间的交流具有一种沉默的庄严。

这位当时已七十多岁高龄老者顶风冒雪，驱车五六个小时到深山古庙，独自在空旷的大殿里站立两三个小时，为张艺谋默默祈福。2008 年奥运会前夕，高仓健特意请日本国宝级锻造大师打制了一把刀——在日本，赠送日本刀是男人间崇高的古老礼仪。他事先没有通知张艺谋，直接来到北京奥组委，专程把这把守护刀送给张艺谋，希望以此保佑奥运会的顺利。高仓健送的这把刀，张艺谋一直珍藏。在工作室他的私人间里，这把刀，就放在他身后的位置。张艺谋说：“它一直守护着我。这是老爷子当初亲手包上的绑带，我没有再动过。里面，全是他的手印和指纹。”

说起来张艺谋对时尚的了解也是从高仓健开始的。在《千里走单骑》之前，张艺谋了解的牌子只限万宝路。还是高仓健把张艺谋带到名牌店，含蓄地表达了对他服装的看法。在老爷子的引导下，张艺谋才开始认识并穿着名牌。

因为喜欢张艺谋的为人，高仓健在日本买了一辆捷豹，整车用爱玛仕重新做了内饰，送给张艺谋作为礼物。高仓健每天自己开一圈，遛车，因为汽车过了磨合期，张艺谋开起来舒服。高仓健属于润物细无声的类型，替张艺谋想得太周到了。

当时到日本去见高仓健的，除了张艺谋，还有同去的张伟平，以及，张伟平的助手王晓华。王晓华常在日本，通晓日语，兼任陪同和翻译。这辆捷豹车，需要张伟平从海关办理入境手续，张伟平当场满口答应。

没想到，张艺谋回国以后，节外生枝。

高仓健给张艺谋写了封信，张艺谋没多想，就让王晓华翻译。高仓健的信里有一句特别的话，大意嘱咐张艺谋：作为一个国际导演，你要坚持自己内心对艺术的选择，不要被制片人束缚和控制。张伟平从王晓华那里得知高仓健的奉劝，勃然作色，觉得自己的利益受到了侵犯。他要求张艺谋少和高仓健来往，当然也附加了许多坏话。张伟平的霸道表达是：“我就是不喜欢别人接近你，别人跟你关系近了，我就不舒服，就吃醋，就嫉妒。”

这种情况下，高仓健送给张艺谋的捷豹车，自然是运不回来了。张伟平拒绝办理入关手续，并撇着嘴表达：“有什么呀？不就是捷豹吗？我送你一辆！”结果是张伟平太太买了一辆捷豹车，借给张艺谋开。车主是张太太的名字，这是第二辆借给张艺谋开的车。

可张艺谋呢？当年参加商业活动，没有出场费，人家给了两辆车：一辆价格低，一辆价格高——张艺谋自己留下普通的，把另外一辆名为指挥官的顶配吉普车给了张伟平。实打实地给，张伟平自己上车牌，真是归他。

张伟平说是“给”张艺谋的车，实则是“借”。这两辆借来的车，分手后马上还给了张伟平。媒体有一次追踪张艺谋的行踪，揭秘其线索来源，说是在机场发现了张艺谋的白色卡宴——这不符合实情，他们一定是从其他渠道得到的密报。因为这辆所谓被追踪偷拍的汽车，早在2012年3月23日，就物归原主张伟平，其时根本不在张艺谋手上。

到了2013年10月，卡宴的汽车公司与张艺谋签署“名人用车计划”，也是免费借给张艺谋使用一辆车。这辆送过来的白色卡宴，竟然和归还新画面公司的那辆一模一样。张艺谋希望至少能够换个颜色，但车型和配置综合起来，只此一辆。我窃笑，命运如此。也好，一方面让张艺谋轻车熟路，另一方面让他记住前车之鉴——前事不忘，后事之师。

四

我第一次见到张伟平本人，是在2008年奥运会结束之后，《三枪拍案惊奇》开拍之前。

从2006年我接手成为电影策划，一直就在准备《金陵十三钗》，张艺谋计划奥运会结束之后就开始拍摄。由于演员档期和种种我并未详知的原因，《金陵十三钗》暂时搁置，张艺谋突然要求我找到数月之内就能投拍的速成项目。在我看来，这难以实现，两年来的实践让我不再自以为是，磨出一个成型剧本绝非百日之功。然而，张艺谋变得非常急躁，急于求成。后来听说，张伟平屡次表达张艺谋担任奥运会开闭幕式总导演期间，自己的公司停运，颗粒无收，这给张艺谋造成很大心理压力。只有翻拍成片最快，张艺谋决定速战速决。

并非事后诸葛，我在探讨项目是否上马时表示过激烈反对。理由简单，原创是艺术家的生命力所在，如果翻拍，除非对旧作有着更为深刻或者颠覆式理解，否则无异东施效颦、狗尾续貂。张艺谋急于求成，一方面是他忍受不了虚掷光阴，另一方面似乎出于心理需要，张艺谋觉得越快投产，就能越快地补偿张伟平似的。

张艺谋最早看中的是科恩兄弟的《老无所依》，因为版权不便宜，且牵涉人员众多，退而选择《血迷宫》。张艺谋、庞丽薇和我在珠江帝景一起看的《血迷宫》碟片，就片子的情节、逻辑和节奏而言，很抓人——但我依然反对翻拍，因为没有找到什么别样的切入角度以及深化的主题理解。可我人微言轻，加之与张艺谋的合作并未建立足够的信任和默契，无力回天。张伟平先于张艺谋找到编剧史建全，人称“史爷”，着手改编工作。

那天，张艺谋说去张伟平家吃晚饭，史爷已经在那儿了，算是开个碰头会。从工作室出发，张艺谋开车带着女儿末末，我开自己的车，前往东四环附近张伟平的家。去之前，我已被善意告诫，说话注意，小心为佳，别惹张伟平不高兴。如果某个员工、下属或者合作者招致反感，张伟平就会要求张艺谋将其开除——“这会让导演为难。”庞丽薇说。

但我这人缺乏适应性与灵活度，不会见人说人话、见鬼说鬼话；更为糟糕的是，我倒喜欢见人说鬼话、见鬼说人话，搞得两边不讨巧。我决定坚持自己令人讨厌的倔强，顶多不蓄意挑衅，多看多听少发言就是了。

对张伟平的初步印象，我并无恶感。他有着东北人常见的魁梧身材，声音洪亮，颇具底气。有网友在影视论坛里说他满脸横肉，初次接触，张伟平看起来不仅没有传说中那么凶神恶煞，相反，还有几分温厚。和我的心理预期相比，张伟平说话远远谈不上“颐指气使”，倒像“平易近人”，还流露出某种任性中的风趣幽默。

印象深的两件事。一是张伟平家的菜谱，作为一个饕餮之徒，那个神秘得几近神圣的神户牛肉我委实没吃出神异，倒是他们家的烧茄子，烧出超越日常的美味——并非先经油炸，而是蒸过再烧，少油而鲜美。我的筷子忍不住一再往返，显出刘姥姥面对大观园里的茄鲞那样的失态。

另外一件，是张伟平带我参观他们家的条幅，好像分别为康熙和雍正笔迹，他的介绍如在耳畔：“你看，同是皇帝的字，杀过人的和没杀过人的，写得就是不一样。”我的字迹难看得堪称可耻，对书法无从置喙，张伟平的话，让我努力地观察，试图分辨御笔中的杀伐之气。但我在历史方面是个文盲，所以心里犯迷糊：俩皇帝都杀人吧？是不是，张伟平指的，是杀“亲人”？

这次会面，算是张伟平对我的“一饭之恩”。俗话说：吃人嘴短、拿人手软，好在与新画面合作期间，我并未按原约定得到片酬，而且是远低于那个数额——好处是今天我可以畅所欲言、毫无障碍。数年里，张艺谋基本上每周日中午都会到张伟平家吃饭。张艺谋讨厌社交圈里的你来我往，他平常此类活动不多。“到小伟家吃饭”，算是一项常规节目。同样，张艺谋并不心存歉疚，因为他算是以自己的劳动支付了“昂贵的餐费”。

平心而论，张伟平是个挺有风格的人，看起来江湖豪迈，挺东北爷们儿的。他的表达传神，任性的鲁莽颇具风格，虽然行为上有些情绪化，但私底下不显得骄横。我乍一接触，绝非媒体描述那样危言耸听。张艺谋与他交往那么多年，我猜至少最初相当一段时间，恰成互补的两个人相处起来并不困难，关系可能非常愉快，度过一段“蜜月期”。张艺谋不满意于自己内敛到闭塞的性格，乍一接触张伟平的直抒胸臆、大刀阔斧，张艺谋或是欣赏、羡慕的，甚至，会有几分自愧不如的敬佩。

五

我极少碰到张伟平，总共见过两三面罢了。他不怎么来工作室，张艺谋也很少提及。我在数年时间里不知道他们关系是否融洽，至少表面看风平浪静。

然而张伟平对电影会带来决定性的影响。

比如《满城尽带黄金甲》，剧本已然完工，张伟平要求增加周杰伦的角色以利票房。开机在即，要从头到尾重新镶嵌一个崭新的主角，谈何容易。编剧吴楠和卞智弘是一对夫妻，在倒计数的有限时间里疯狂劳作；从工作室转战家里，一个先写，一个先睡，然后换班，夜以继日，两人轮流接力。

同样的命运重演在《三枪拍案惊奇》中。春节联欢晚会小沈阳一炮而红，同样是出于增加票房的考虑，张伟平说服张艺谋，要求男主角启用小沈阳。采用周杰伦和小沈阳，确系张伟平的主意，当年的许多采访都留下了印证。问题是，周杰伦只是在原剧本上加个人物，而已经决定上马的《三枪》绝非喜闹套路，而是相对严肃的批判现实主义，小沈阳的风格很难嫁接成功。本来上马《三枪》就是草率为之，何况突然改变计划，令剧组措手不及。尤其小沈阳走的是二人转路线，其他演员很难搭戏，风格上无法融合，迫使整个团队集体换将，基本倚赖赵本山的弟子班。包括编剧史建全，不是这种风格，只好搬兵赵本山团队里的徐正超前来增援。为此，赵本山曾向张艺谋表示过忧虑，他觉得自己的团队难以承担这样的重担。但为时已晚，这个拉断了绳索的失控的大箱子，没有哪只手还能拽得住。

张艺谋与新画面公司合作过程中，还是受到了不良影响。张伟平跟他绝少讨论艺术上的探索，总是谈哪个演员红，怎么能够增加票房。这在某种程度上，更改了张艺谋的思维方式。张艺谋以前的电影多牛啊，应该说是中国牛作最多的导演——能从那些表达里，看到当时的张艺谋有种艺术家不管不顾的生蛮和凛冽。他不看市场的脸色，孤往绝诣，他的电影才能独特、纯粹而有力。后来，张艺谋的考量标准发生了变化，我想起他的妥协，遗憾又心痛。

张伟平提要求，张艺谋去完成，靠自己的面子和关系去找演员。但张伟平事后与主演的关系乏善可陈，无论是高仓健、克里斯蒂安·贝尔这样的国外演员，还有一些国内演员，包括赵本山团队。开机之前没事，张伟平甚至夸奖演员；关机之后，张伟平数次在采访中对主演嘲讽有加，对什么级别的演员都不客气。张艺谋的本性不愿与人交恶，张伟平恰恰容易得罪人——张艺谋总要一次次出面去修补裂痕，作为一个本来就不太擅长经营人际的他来说，身心俱疲。

张伟平专门让张艺谋把赵本山请到家里吃饭，席间张伟平骂了另一个著名导演，这个导演与赵本山私交很好，赵本山自然难以附和。张伟平借着酒劲对赵本山戳戳点点——是真的戳戳点点，因为他不断拿手指头戳赵本山的脑袋。席间纷争，赵本山拂袖而去，张艺谋分外尴尬。让人难以理解，为什么，张伟平语言挑衅还不够，还要在动作上蓄意侵犯？他的想法，够狠，让张艺谋不寒而栗。张伟平的解释是："为什么戳赵本山的脑袋？因为他脑袋里有支架，我让他血管再堵上，我戳死他。"

在两人关系破裂之前，张艺谋极少发牢骚，基本上不说张伟平的不是；他只是越来越多地紧锁眉头，越来越苦大愁深。偶尔的端倪，让我感觉不对，是张伟平打电话给庞丽薇，找张艺谋。无论张艺谋在处理什么事情，尤其创意谈到关键或高潮，他在兴奋点上正火花四溅，那时他最不喜欢被打搅……庞丽薇进来，手机通着，张伟平正在线上。张艺谋的脸色不易觉察地一变，他马上进行情绪调整，一边应答"小伟"，一边进入隐蔽处去接听。

庞丽薇处事得体周全，才被张艺谋委以重任。用庞丽薇自己的话说："期盼所有的人都不犯错，但凡有一个人犯错误，导演也会批评我，说是我管理不擅、提醒不全、处事不妥，总而言之，是我一个人的错。"因为我很少看到张艺谋当我的面儿狠批庞丽薇，所以才留下深刻印象。张艺谋接听完张伟平的电话，从自己房间走出来，不悦地把电话递还庞丽薇："这都是你惯出来的毛病，也不管什么时候，他想聊就一通聊，完全不管我在做什么事，是不是有时间和心情。你也不替我挡驾，把通着的电话就往我手里一搁，你让我怎么办、怎么说？没有你这么做事的！"

据我观察，庞丽薇除非有极要紧的事情或极特殊的人物，才会贸然打断张艺谋正在进行的事宜，她一直是最重要的防火墙和消息树——张伟平的来电几乎是唯一特例。从那次以后，我才注意到，张艺谋与张伟平的交往，可能并非外界以为的那么平静。不过，这是2010年，我已认识张艺谋数年。

六

我第一次确认二张存在冲突，是2010年下半年，我到台湾进修两个月期间。有事和张艺谋用电话和邮件联系。

有一天，严歌苓从德国打来电话，告知了一个让我意外的情况。

最初《金陵十三钗》版权卖给了一位史先生，几个月后转手张艺谋当时合作的安乐公司——史先生赚了些钱，歌苓本人未获多高收益。由于担心相关电视剧提前上映搅局，张艺谋把影视版权一并购买，这样可以控制节奏，确保电影上映在前。电影剧本还在修改过程中，有些影视公司想同步操作《金陵十三钗》的电视剧，严歌苓两次找张艺谋商量，希望回购电视剧版权。张艺谋说，一旦电影开机，最好是已开始后期制作，就可以把电视剧版权还给歌苓。歌苓从价格到立场上，从不为难张艺谋，理解和体恤颇多。张艺谋感念于歌苓始终的信任和支持，他本意是把电视剧版权无偿返还给歌苓，这样既保障了电影的利益不受损害，又能对歌苓有所回报。

大概是2010年10月吧，那时《山楂树之恋》已经上映，《金陵十三钗》

过几个月就要开机。我正在台北的耕莘教堂附近漫步，歌苓打来电话，说《金陵十三钗》的电视剧版权已经被张伟平天价卖出，问我是否知情。购买者是她相识多年的旧友，情节和数据都确凿无误。那个数额吓了我一跳，等于张伟平从中赚取了一笔相当优厚的版权费用。歌苓颗粒无收，还失信于意欲合作的影视公司。可我不久之前，还在传达张艺谋的旨意，言之凿凿，说很快就会把电视剧版权返还给歌苓。

我赶紧电话求证，张艺谋大为惊讶，他丝毫不知内情。歌苓卖我们版权经常是友情价，她宁可降低标准，变成一个象征的数字；倒是张艺谋不好意思，甘愿抬升价格，所以他们签约反行规而行，特别的古人和君子：变成卖方压价，买方抬价。如今的处境让张艺谋尴尬，让人感觉他以友情的低价位买进、以商业的高价位卖出，除了电影导演，他还要以版权代理的身份从中赚上一笔不菲差价，而不考虑让利歌苓，这让张艺谋无奈且抱愧。

我们沮丧、郁闷，因为曾经的旦旦誓言毫无意义，像是居心叵测的隐瞒和欺哄，于是两个失信者隔着海岸叹气。歌苓慷慨且义气，我非常不愿负她，忍不住在语气里对张艺谋有所埋怨："张伟平卖了电视剧版权没有告诉你吗？这是什么事啊，等于我们在骗歌苓啊！出尔反尔，轻诺寡信的，我们根本就没顾及歌苓的情分和利益。"

张艺谋回答："那是张伟平赚的钱，怎么会愿意告诉我呢？"原来，新画面公司发现转过来的合同里包括电视剧版权，秘密高价卖出，在张艺谋面前滴水不漏。这个电视剧版权，后来辗转，由张黎拍摄成 26 集的电视剧《四十九日・祭》在 2014 年底播映。张艺谋并非转让电视剧版权的获益者，也没有分到一杯羹，他还是觉得对不住歌苓，心里不痛快。也许，我的指责触动了张艺谋，他忍不住倾诉了几句。

我这才得知张艺谋的实际角色和地位，所谓新画面的艺术总监不过虚名，没有实际的利益分配。《山楂树之恋》都下线了，张艺谋也没得到一分钱的片酬，而且也看不到付款的迹象和期限。聊了不长时间，张艺谋说不谈这个了，当务之急，是让向歌苓道歉，希望获得她的宽谅。

等从台湾回到北京，我问庞丽薇，导演是否收到《山楂树之恋》的片酬。庞丽薇说："人家没付呢，导演也不好意思张口要钱。"接下来的几个月，张艺谋也没再提薪资的事儿。

直到《金陵十三钗》的宣传期，双方的矛盾激化。

七

《金陵十三钗》的电影宣传，基本由新画面来把握和控制，张艺谋参与不多。数款海报的设计，是在媒体曝光之后，我搜索网络，调出图片来给张艺谋看。与院线和媒体的沟通，张艺谋事后才得知，与网友的消息来源完全一致。每每张艺谋看到的是结果，而不是过程。

这个情况并非先例，很早以前就这样了。《我的父亲母亲》上映的时候，满大街的海报上都说这是张艺谋自己的初恋故事；《满城尽带黄金甲》上线，宣传上炒作的是张艺谋与巩俐的旧情……这些都未与张艺谋本人事先沟通。也许，张伟平将之视为应该的牺牲。

《金陵十三钗》即将上线，我行至王府井，张艺谋打来电话——很少听见他那么气急败坏乃至恼羞成怒的声音。

原来，新画面影视公司为了配合电影上映，发行《十三钗，我们一起走过》一书，主创和相关参与人员为此写下了一些文字。当天，新浪从中选发了主演倪妮的一段文字，放置在网页的重要位置，加诸的题目颇具耸人听闻之效：《我与克里斯蒂安·贝尔演床戏》。

张艺谋火冒三丈："电影可说的地方那么多，新画面怎么非抓住这么个庸俗的点拿来炒作？档次太低，简直是在糟蹋我们的劳动。好好的孩子卖到妓院，还拿来炫耀，真让人脸上无光！你立即！跟刘恒啊，歌苓啊，和咱们的相关主创一一道歉，人家花费了那么大的心血，现在看到我们把兴趣放到这儿，会难过的。这不是宣传，是捣乱！"

为了平息张艺谋的焦虑，我立即用手机的蓝牙和自己的黄牙，用老掉牙的用语道歉。几个月以前在台湾，我刚刚用类似的说辞向歌苓道歉电视剧版权的事，"我们没辙，无权掌控局面"等等。在喧嚷的大街打电话，既要准确传递歉意，又不想路人听到我"过分招摇"的内容，我频用代称，意义含混，说得像特务暗语。我怀疑刘恒只能听清标点符号，可他没让我重复，耐心倾听，以至于我怀疑电话断线了。刘恒极为安静，他通过自己的智力把我语无伦次的表达翻译成有逻辑联系的句子。当我喂喂地追问，他的声音一如僧侣，他说："没关系，我知道了，无需争辩，我们只用作品说话。"那种清者自清、浊者自浊的感觉，我就像听到寒潭滴水的声音，让人顿感清凉。

挂了电话，我越想越气，给新画面负责宣传的潘国锋也打了电话，认为这种宣传手段实在不妥和不堪，令人不满。我知道不是他的责任，潘国锋不是那个拍板儿的老板。

之所以打出床戏牌，因为张伟平要求提高票房分成，并且语含讥讽，与影院的关系闹僵。新画面方面意欲缓解紧张局面，急于寻找卖点，这才抛售狠招。

事实上，这个倾向不良甚至粗劣的床戏宣传，的确给影片造成难以弥补的重创和价值损害，许多观众由此巩固对张艺谋的误解。

八

某些评论者坚称，《金陵十三钗》是张艺谋畸形价值观念下的产物，阐述的是处女如何比妓女更珍贵。这种论调让我们感到奇怪，分明是个成人保护未成年人的故事，涉及牺牲和救赎，何至歪曲至此？宣传上的失策和误导，以及对张艺谋的定见，导致电影解读上的偏差。

为什么看不到电影情节中轮流的牺牲？从战士的牺牲，到父亲的牺牲，再到妓女的牺牲，最后是少年陈乔治的牺牲，里面包含着责任、情感和希望的重量。为什么一叶障目，只看到唯一的词：妓女？《金陵十三钗》的问题归问题，缺陷归缺陷，但那么多人不假思索地沿袭他人指引的“说法”，集体跌入套语的轰鸣里，还是让我意外。难道我们已懒得独自开采和掘进，只要门上有个看似的把柄，所有的手都一起握上去，似乎那就是进入世界的唯一通道？

尤为难过的是，我的朋友也在发出从众的声讨，他们当然可以不喜欢或讨厌这部电影——然而，我多么希望他们出自独立的发现和见解。可惜，论点论调都人云亦云了，我瞠目于他们可以不看电影直接评论。并非对电影公正与否的问题，而是，这丧失知识分子基本的治学之道。

何必如此急迫，看完电影，再具体有效地批判，不是才有说服力吗？这才是思考者获得尊重的基础。

某位性情耿直的兄长，我本来一直非常佩服他的判断力，他激烈反对《金陵十三钗》，当难以回答我的反问时，这位兄长坦然而坚定地说："反正，只要涉及妓女就不好，根本不应该选择这样的题材！"我说："即使有这样妓女挺身而出的史实基础，也不应该拍吗？"他继续肯定："那当然了。"我说："你不觉得，你这才是最大的轻视和歧视吗？只因为她们是妓女，不管曾经怎样舍我，也必须被埋藏在历史的岩层之下？这是尊重吗？不，这恰恰是最大的不公正。"

九

由此想起对电影政治倾向的另一诟病。由克里斯蒂安·贝尔饰演的冒牌神父约翰参与拯救女学生，这个电影情节，被说成是张艺谋对外国人的取悦邀宠——泱泱大族，凭什么要依靠一个老外充当救世主？张艺谋啊，你未免太丧权辱国、摇尾乞怜了吧？其实，稍稍读点历史就知道，当1937年的南京面临日军的铁蹄和屠刀，各国驻南京的外交人员和侨民多数撤离的情况下，十几个西方侨民主动留下，目的是帮助身处险境的普通中国人。这寥寥十几个外国人，在屠杀惨案期间，以3.86平方公里的国际安全区面积庇护了25万的中国难民；并且，他们每天就日军暴行写出详细记录，拍摄影像，成为南京大屠杀的铁证。这些不是杜撰的桥段，是无可辩驳的史实，难道曾经受到保护的我们不应该致以感谢吗？难道我们可以轻易忽略他们冒死的拯救？何至于忌讳提起，认为是在以此辱及国人呢？

南京国际安全区的主席拉贝，曾面对难以想象的困难和危险，不遗余力地保护陷入绝境的中国人；他坚持不懈地揭露法西斯暴行，后来境遇凄凉，全家六口，无任何生活来源，甚至需要靠收集野菜树叶做成的面糊汤水度日。当这位患病的老人情绪低落，当年受到庇护和救济的南京人民纷纷解囊，将捐助的钱物辗转寄给贝拉——此后按月寄奉食物，以表达感激之情。读到这段历史，让我感怀不已，怎么时隔几十年，擅长遗怀的我们成了不计恩情的负义者？

有时我无以为辩。你说白求恩不远万里来到中国……他们说，你颂扬的表情真丑陋，这简直是对中医的亵渎。我不知道，怎么面对这么荒唐的逻辑。“凭什么妓女就要牺牲”的话题，我亦无言。有个朋友替我在饭桌上辩护过，他说：“按照你们这样的逻辑，根本不应该有《保镖》这样的美国电影，因为人人平等，所以不应该存在保镖的职业，也不应该让警卫替总统挡枪。人类在一定压力下必有选择和权衡，择其利害，选择较小的牺牲去维护更大的利益。何况，这个故事，选择是在成人与孩子之间，是不容考量的必然。”

关于外国人在中国的故事，我们总是拍不好，没找到嫁接的途径。放眼望去，能举到几个更好的例证？多是打酱油的在说片儿汤话。相比之下，尽管其中存在着许多缺陷，至少张艺谋的《千里走单骑》和《金陵十三钗》的故事基本成活。反对者可以说：“我们干吗要拍外国人在中国的故事？这就是媚外！”我倒觉得，什么题材都可以有所尝试，无论是乡村题材还是国际题材，不必自设枷锁。张艺谋在尝试……是不是，做得不好就不做，不依靠训练有朝一日就能够一举成功?

在《金陵十三钗》的整个创作过程中，我一直承受着隐秘的压力，担心自己推荐小说的后果，是把张艺谋推上卖国贼的审判台。完成之后，我回想，这种焦虑甚至是美妙的，就像鸟落在树枝上的重量。

十

造成观众误解电影主题的原因，除了宣传失策和对张艺谋先入为主的印象，创作方也的确存在疏忽。

早在拍《黄土地》时，张艺谋就得出经验："银幕拍大不拍小"，明明是十三四岁的小姑娘，上了大银幕看起来就像18岁。在选择《金陵十三钗》里女学生的角色时，要求英语水平是一方面，另一方面，张艺谋选择那种一看就是小孩儿脸的，选的是未成年人。但由于种种原因，《金陵十三钗》的拍摄比计划推迟。仅仅一年多的时间，这些小孩子经历青春期的急速发育，已经显得像大孩子了。小演员书娟陡然长到一米七的个头儿，连穿鞋都是39号的成人码，这些集体发育的孩子，远远比当初选中她们的时候多了几分成人感，即使她们仅仅十三四岁的年纪。

然而，这一年期间，这些小演员在陆陆续续、没有间断的培训中，张艺谋数次去观看培训效果——如果没有这种持续的检查工作，也许事隔多日，张艺谋会从突然的观察里惊觉小演员们突然的"成熟"。然而，就像天天见面就感觉不到家人的微妙变化一样，数次的测试使张艺谋有所忽略。直至，一年多以后开机，这些集体长大的小学生都有了大姑娘模样，这是一种遗憾，但不可能集体换掉这些长时间精心培训的演员，也没有替补队员。我怀疑，即使半程中张艺谋发现问题，也于事无补，这些孩子浪费宝贵的学习时间进行表演培训，再加上人力、物力等多重原因，难以做到换角。电影中男主角约翰专门强调的话："她们是孩子"，不能参加成年人的舞会——数次提到"孩子"，正是张艺谋和编剧的想法。张艺谋说担心有些人误解电影，会往低级趣味上想。可惜，结果还是覆水难收。

我有时设想，如果《金陵十三钗》当年按计划及时开机，小演员那些稚嫩的脸，难以让人特别联想到"处女"，她们，一看就是儿童，是不是能够减少对电影的误解？不得而知，电影是一种遗憾的艺术，无法像戏剧那样完成假设之后的调整。

十一

除非张艺谋在拍摄中发现一些问题，需调整剧情，偶尔打电话商量商量；多数时候，开机之后并不需要我的参与，在场的主演或其他工作人员比我更便于沟通。我乐得逍遥，经常是他那边一出国或者开机，我立刻搭飞机、扒火车，云游四方去了。

《三枪》开机我没去片场，因为对这个题材怀有抵触，想起来就心乱如麻。我事后略感后悔，看到镜头里的张掖景色壮丽且神异，后悔没利用机会去旅游。《山楂树之恋》是从别的影视公司拿到的剧本版权，但电影后来是按肖克凡执笔的剧本拍摄的。由于时间紧张，运笔如飞的肖克凡在一个月内完成了任务，刚交稿，就开机了。为了继续调整剧本，肖克凡像随军家属似的，和剧组一起开赴宜昌外景地——我再去就是画蛇添足。所以，我自觉地挥动小手帕和他们说再见。如此下来，和张艺谋合作数年，我根本就没进过剧组，不明白电影拍摄是怎么回事。《金陵十三钗》开机，我首次跟随，去了江苏溧水的拍摄基地。

我很震惊，溧水的外景地仿佛重现了一座被摧毁的南京旧城：屋倒房歪，到处是塌陷下来的檩柱和窗棂，是弹孔和燃烧后的灼痕。关键是，我绝对没有想到这座道具之城如此巨大，街巷阡陌纵横。我平常是个路痴，给别人指路属于那种"见黄狗右拐"级别的，毫无方位和秩序感——如果不是那座教堂的尖顶，我必会迷失其中。教堂非常高大，即使距离很远，仍需仰视。我不懂土木工程，但能看出街道里的许多建筑不是"真材实料"——高耸的墙壁质地稀松，坦克一旦撞击，需要完成及时的倒塌。但那座内部空旷的教堂分外结实，我印象中是石材建造。随后的几个月，剧组几百号人就在这座宏阔的电影城池中进出往来。

因为见识过实景之大，剧组之众——尤其这是个国际团队，有美国的演员、日本的舞美、韩国的摄影师，加上昂贵的爆破团队，还有拍摄结束后的电脑制作与合成等人员，估计达千人——没有任何经验和科学依据，我当时确实相信了张伟平所说的投资六亿五。我还不遗余力地向有所质疑的朋友解释和保证，信誓旦旦的。我没有注意到，除了制片主任必须配合做出证据上的说明，张艺谋本人，即使在媒体追问下也不愿确认这个数字。多少有些顾左右而言他，他选择了回避。

张艺谋如鲠在喉。等二张分手，我才得知缘由。张艺谋说："《金陵十三钗》制作费花了一亿二三。”制片主任准确地说：是127619600.73元。克里斯蒂安·贝尔拿的是个友情价，再加上宣传发行及广告费用，应该在两亿之内，再怎么花也是两亿的事。张伟平号称投资六亿五，让张艺谋配合，统一口径。张艺谋愿讲实话，觉得再勉强自己夸下海口，也难以吹到三亿。张艺谋无力与张伟平论辩，忍气吞声，干脆来了个“非暴力不合作”，在媒体上不说花了六亿五，也不说没花六亿五。张伟平对此不满，因为张艺谋没当好最佳男配角。

“这算不算欺诈啊？六亿五？张伟平把我弄成了一个挥金如土的烧钱土财主，多招人讨厌啊！”张艺谋后来跟我说，“唉，我以为他只是为了电影票房才那么宣传呢，没想到他有别的伏笔。”把投资说到六亿五，从票房成绩上看，电影就没赚到钱，赔了，那就别提其他的什么了——和《山楂树之恋》的命运一样，张艺谋没有拿到任何薪酬。张艺谋的收入不及片场任何一个勤杂工小工——是的，零片酬！

“导演为什么不理直气壮地要回自己的工钱呢？”我就此事问庞丽薇。

“都没个合同，怎么要？给不给，怎么给，给多少，都是人家说了算，导演开不了口。”庞丽薇回答。

十二

张艺谋忍辱负重，能看出他对自身处境的不适和不满，也能看到他在努力控制并力图消化不快——但是，张艺谋不爆发。我难以理解，感觉必有隐衷。

2011 年 12 月 16 日《金陵十三钗》上映。过了些日子，刘恒和我约在牛街的上岛咖啡馆谈事。我记得那时天气还冷，玻璃窗外走来走去，都是包头包脚的行人。刘恒按照惯例喝他的曼特宁咖啡，说话还是慢条斯理的。他多少听到一些传闻，心生疑窦；以刘恒的为人和口德，使他并未多做指责性评论。我也听到关于张艺谋的可怕传言，据说还是影视圈里散布出来的消息，可我也不便吭声，只好把各种正在氧化的黄锈水果沉闷地填进嘴里。我和刘恒的判断一致：张艺谋必有什么短儿握在人家手里，否则，决不会如此被动。

方希那时出版了《张艺谋的作业》，结合张艺谋以前的摄影作品加上方希的文字——她要求我必须配合宣传，否则造成库存，她说我难辞其咎。我的青春期成长得非常艰难，都是因为这个巫婆的长期欺压，她的嘲讽和咆哮给我造成心理阴影，即使耿耿于怀，我也只能唯命是从。《南方周末》的朱又可编辑，又约我写篇关于张艺谋的文字。我准备二合一，同时交了方希和朱又可的差事。

此前，我尽量想把这个电影策划的兼职角色隐藏起来。一方面出于写作者的敏感与自尊，是幼稚化的自爱，不愿沦为附庸，我可不认为“御用”是什么好词，听起来像豪华版狗腿子似的，易在攀附里丧失独立性；另一方面，是虚妄的骄傲，在热闹场子混久了，人难免浮躁，我怕累及自己的文学表达，就像电影上映忍不住就要看票房，我怕自己成为那种一边写、一边偷偷打量读者表情的执笔奴隶；还有一方面，出于算计，张艺谋是风口浪尖上的人物，假设我从名声上占他多大便宜，早晚得吃多大的亏，还是躲着安全，免得身中舆论的流弹。可随着电影上映，我为《十三钗，我们一起走过》纪念书籍所写的《爱恨十三钗》一文，被放置到新浪娱乐的首页——我的身份暴露了。从此，我被迫开始破罐破摔的卖艺生涯。

写完《墨镜背后的人》，我把文章发到庞丽薇邮箱，让她转张艺谋过目一下。想不起是和刘恒见面的当天晚上，还是次日晚，张艺谋让庞丽薇反馈给我阅读意见。他说写得“准确”，让他颇受震动，有些事情他自己是混沌的，但读过文章后，他仔细想想，“刀刀见肉”，“就像照镜子一样”。张艺谋感慨，难得找到如此贴近他本人的描述。他的肯定让我迷惑，这篇后来于 2012 年 2 月 7 日发表在《南方周末》的《墨镜后面的人》水平中等，何至于张艺谋激赏？我琢磨了一下，认为自己有些话可能触及了他的隐痛。

接庞丽薇电话的时候，我离工作室距离不远，一打方向盘，我去了一趟——正好需要汇报跟刘恒的交流情况。见到张艺谋，重温了他的褒义词后，我突然愣头愣脑地说：“导演，你不觉得自己特别奇怪吗？不止我，很多人怀疑你被人抓住短儿了，否则，不至于连自己的工钱都不敢吭声。”

张艺谋曾概括我直眉瞪眼、不懂察言观色的说话风格是“童言无忌”，现在他正惨遭这样的待遇：“你是不是偷税漏税了？还是自己不慎，被人家拍了艳照门？如果拿着这两个短儿，你别想翻身，受多大罪都得忍着。自作自受，没辙。倾诉也没用，逃跑也没用，你一辈子就别幻想什么自由了。”

“不是这些。”张艺谋说：“我敢说，自己的每一笔钱都上过税，这是每个人应尽的义务。而且，这是能进监狱的大事！树大招风，万一别人想收拾我，想整治我，这种事儿，一拿一个准儿！我不会冒这个险，也犯不上。至于感情，我当然过的不是和尚生活，但不是什么艳照门……我，我是有别的事儿。”

我很诧异。因为在我看来，一个“税”，另一个还是“睡”，这两个同音字是致命的死穴——除此之外，我想象不出什么天大的灾难，让张艺谋难以处理。

“我早就想告诉你了。”张艺谋说，“尤其看完你写的这篇东西，我觉得你了解我的为人，所以不愿隐瞒。”

我本来是个好奇心很重的人，连没吃过的一道菜都会浮想联翩，琢磨、惦记，想着想着，两腮活像一只要喷毒的眼镜蛇饱含唾液。何况，张艺谋肯定会抖个大包袱。即将得知真相，我的第一个反应是犹豫和拒绝："导演，你的秘密最好别告诉我。我怕麻烦，不愿冒风险，万一跟人结仇、被人盯上……我还想好好过太平日子呢！”

张艺谋想了一下，说：“你还是知道为好，早晚都会知道，免得你到时候觉得自己上当受骗，觉得错看了人。”

十三

为了更为保密，我们的谈话地点，从会议室移至张艺谋独自的工作间。

我清晰地记得他的提醒：“坐住了啊，这事儿听起来挺吓人的。”

我的确向沙发里面靠了靠。虽然我知道他干不出杀人放火的事儿，可态度如此隆重和沉重，让我难以预料事件的级别。

张艺谋开门见山："除了末末，我还有三个孩子。"

我听到以后，既没有茫然，也没有震惊之感——我极为平静，可能是根本没有反应过来；也可能因为我的想象更为极端和恶劣，相比之下，这反倒是能够接受的现实。所以，我平静地问了他三个问题。

第一个问题："三个孩子都是跟同一个女人生的吗？"

张艺谋回答："是。"

第二个问题："末末知道情况吗？"

他说："我都告诉她了。"

第三个问题："你准备补票吗？"我不知道张艺谋打不打算跟孩子她妈结婚，我想这对事件的性质和结果都是不一样的。

"我当然该怎么弥补，怎么弥补。早该这么做了，这么长时间挺对不起人家的。"张艺谋说，"原来孩子们旅游，不做飞机可以坐火车，现在高铁都要实名制，如果没有个户口，婷婷想带孩子们去趟海南都没法成行，孩子们出不了门儿了。"

我没有见过陈婷，更别说孩子们，与之合作的五年多时间里，张艺谋没有流露出任何有家庭的人那种几乎是必然的痕迹。

张艺谋说，婷婷是个好女孩，是那种相夫教子的传统类型。这么多年跟着他不容易。不管几点，陈婷从来不是自己先睡，都是默默等着他回来。不仅是对张艺谋本人，婷婷对张艺谋的妈妈、对末末、对家族里的亲戚都非常善待，尽心尽意的。从两人相识以来，陈婷从来没有远离过张艺谋的生活，但她无声无息，小心地擦去自己的指纹。就那么被捂着、黑着，婷婷和她的父母没有为难过张艺谋，一般人很难做到，这让他心生愧意。

张艺谋这人，要不就如密闭器般不流露任何气息，他一旦开口，说话实诚，甚至是难堪的内容，他也直言不讳。这个晚上，他讲述了婷婷和孩子们的状况，也讲述了所谓的“心路历程”。

我看到了婷婷的照片，是张艺谋本人拍的。因为听说平面摄影会影响电影叙述的思维，他多年不搞平面摄影，连理想的摄影器材都没有——相机是从剧照师白小妍那里借来的。白小妍还好生奇怪，不知道张艺谋意欲何为。我也看到了他们的全家福，张艺谋夫妇和三个孩子，最中间坐着的是张艺谋的母亲。看起来是照相馆的效果，但我不知道他能在哪个照相馆完成这项秘密又危险的任务——后来得知，这是在家里拍的。他们还把幕布借到家里，让白小妍给拍过全家福，是张艺谋自己打的光。

我不拐弯抹角，直言张艺谋的行为，可能会影响孩子的成长：“不管你是个多么伟大的爹，假设你不愿承认孩子的存在，那孩子也无法以你骄傲，相反难以摆脱阴影，对他们的心理健康非常不利。”照片里的大儿子张壹男，神情略显忧郁，让我加强了这种印象。在这件事中，张艺谋肯定有他处理上的失当和失责。在相对自由的社会环境下，问题未必那么尖锐，但在现行文化习俗和管理制度下的中国，孩子的成长势必受到影响和阻碍。

张艺谋也承认，说壹男的性格有点像自己，略带早熟中的忧郁内向。也许天生基因如此，也许是受到暗示和挫伤——当孩子们在入学表格上，把父亲一栏填写为“张艺谋”时，老师们普遍质疑，觉得他们在撒谎。张艺谋说，他愿意尽量给孩子明亮的未来，这的确是一个父亲应尽的责任。

十四

“三个孩子的出生，都是由张伟平托关系办理的，都是他帮的忙儿。”——至少在那个晚上，我听到张艺谋讲述张伟平，虽确有不满，但这件事情上他心存感念。张艺谋还提到自己性格的弱项，怕冲突，容易被人欺负；张伟平行事铿锵，与其互补的风格，为张艺谋起到抵挡和保护的作用。

我不解：“如果你不想改变国籍，为什么不给婷婷办理移民手续呢？对你来说，操作起来非常容易啊。或者，给婷婷办一个香港、澳门身份什么的，也不至于因为孩子的问题如此被动啊。”

张艺谋叹气，说自己没想那么多，没有预料到后来出现的一系列麻烦。张伟平神通广大，据说是托自己的铁哥们办下来出生证——关于此事，还会出现匪夷所思的转折，但张艺谋当晚还不知道后面的变化。

张伟平说怕连累自己的哥们儿，为免牵连，陈婷和孩子们的证件经常要上交到他手里。这些张艺谋倒没觉得有什么不方便，张艺谋最难过的，是无法保护自己的亲人——连自己的老母亲都曾因此事受到张伟平的埋怨和训诫，甚至就是口气不敬的训斥。“我妈都八十多岁了，陪着我在那儿听数落，我感觉自己成了他的家奴，特别受煎熬。”张艺谋说，“张伟平现在还提议让我离开婷婷和孩子，说他们对我有所贪图，让我别理他们了。怎么可能呢？我扔下这么一大家子不管不顾，只跟你一个人交往，接着给你卖命？张伟平不擅长跟别人搞好关系，开始热烈，后来交恶；我身边的亲人和朋友，张伟平到最后又都瞧不上，都说不好……尤其是近十年，我都快成了孤家寡人。”

引爆张艺谋萌生退意的，是张伟平对电影本身的干涉。张艺谋说："别的我能忍，可电影是我的底线！不能你想增加什么情节就增加什么情节，你想让谁演就让谁演——甚至连下一部片子还没定什么内容呢，你都先定了女主角，那我就没有自主权了，纯粹就成了摇钱树。干涉创作，这是我绝对不能容忍的。"

我问他："那你打算怎么跟张伟平谈呢？"

张艺谋说："张伟平是那种说着说着自己就信了、然后把幻想当事实的人，他拍着胸脯敢上测谎仪，而且越说越义正词严。谎言说着说着，他自己就相信是事实，说三遍就认定是全世界的真理。我说不过他们俩口子：你有一句话，他们有一百句话等着你呢。我又不会当面争执，我对付不了谈判。我想好了，准备给他写封信，不管怎么说，我也让他赚了好几亿了，好说好散。"张艺谋说，等他写完信会给我过目一下，看有什么不合适的。

张艺谋当场跟我复述了一下内容大意，开头的称呼，依然是"小伟"，语气里也没有任何过激的指责，只是说合作这么长时间之后，感觉自己心累，难以继续支撑下去，希望获得他的理解。

十五

张艺谋没想与张伟平结怨。虽然张伟平在媒体上经常以恩人自居，他喜欢营造那种个人形象和宣传氛围，但张艺谋说事实并非如此。

最早张伟平介入张艺谋的电影《有话好好说》，并非如他自己形容的那样救人于水火，而是带有投资性质——事后张伟平的钱很快拿回来了，不存在“赔钱”之说。张艺谋说自己的电影从未赔钱，他非常在意这个，假设投资者因为信赖自己而惨遭损失，他的理念上难以承受——但张伟平喜欢延续这种“赔钱”的虚构说法，并一再重复，一方面凸显自己的恩义，另一方面，既然“投资失败”，那些该付的薪酬、该给的分成，似乎就不必一一履行。

这个晚上，我才分清概念，张伟平并非真正的出品人。拍电影的剧本啊、拍摄啊、特效啊、剪辑啊，他不管出资，不出一分钱，白拿电影的国内发行权，相当于“空手套白狼”，卖完以后，留下自己的发行费用，然后返给投资商。相当于，他不管种子、肥料、土壤等等问题，来了萝卜卖萝卜，来了白菜卖白菜，只是赚多赚少的区别。

《一个都不能少》《我的父亲母亲》是美国哥伦比亚（亚洲）公司投资，负责人是美国人芭芭拉，挂广西电影厂厂标。《幸福时光》是珠海振戎公司投资，老板姓杨，挂广西电影厂厂标。《英雄》《十面埋伏》《千里走单骑》《满城尽带黄金甲》《三枪拍案惊奇》均是香港著名制片人江志强投资。《山楂树之恋》是环球电影公司、IDG、美锦影视文化、张伟平联合投资，实际用前三家的钱拍完，张伟平未出一分钱。

张伟平明明不是出资人，为什么变成“出品人”了呢？张伟平要求把自己的名字署在联合出品人的位置。这也是张艺谋的纵容所致。所有投资人为跟张艺谋合作，必须答应以下条件：一是张伟平的新画面公司为出品方之一，并且国内署名在前；二是国内发行权给张伟平，由他将票房利润按比例分配。投资人总是因分配不公而产生纠纷，跟张艺谋抱怨，张艺谋无能为力，他们只好结束合作。唯有江志强忍辱负重，坚持时间最长，这也是他的“老好人”性格所致。张伟平在媒体上按老板的口气说话，说着说着，就把自己当老板了。

《山楂树之恋》是张伟平从熊晓鸽、曹华益等人的影视公司那里筹来的，没有掏自己的腰包，但张伟平没给张艺谋片酬。到了《金陵十三钗》，唯一的一次，张伟平是真正的投资人，并非挂名——只不过，这货真价实的唯一，立即导致二张分手。

好玩的是，筹拍《金陵十三钗》，张伟平在媒体上表态悲怆，说自己抵押别墅拍摄此片。他所抵押的豪华别墅是在上海：檀宫。张伟平当初看上这个别墅，非拉张艺谋出场，并嘱咐张艺谋，不要告诉房地产商到底是谁买房——因为房产商买张艺谋的情面，会打个狠折。张伟平果然以理想价位购得此房，交款却不痛快，与房产商不睦。这个老板想要奥运会的开幕式入场券，张艺谋答应了。张艺谋果真花费高额票款，给了张伟平好多张入场券，都是最好的位置——可张伟平到最后，好像也没给这位老板一张。

《金陵十三钗》开机之前，张艺谋已预感到张伟平可能不会给片酬。庞丽薇建议：“没片酬拍什么呀？咱不拍，歇着。”张艺谋不同意：“不管给不给片酬，电影都是我的电影。而且，也不能耽误人家演员，不能失信于人。”

这部张伟平唯一一次真正当上投资人的《金陵十三钗》，实际花销的成本被他放大三倍。尽量节约拍摄成本的张艺谋，熬心熬骨，果然颗粒无收。

我当时难以相信形象豪迈的张伟平如此苛刻，我追问：“以前的片酬呢？”张艺谋当晚的回答是：“那人家都给了。”2014 年在超生事件被重罚时，我才知道是怎么给的。是《三枪》拍摄完成之后，张伟平的太太从 2010 年 4 月至 2011 年 4 月分 12 次打款，付给陈婷 11536400 元。这总共的一千一百多万，是作为张艺谋从《英雄》《十面埋伏》《千里走单骑》《满城尽带黄金甲》和《三枪》五部电影的片酬——五部戏，历时十年时间，等于平均每年，张艺谋挣到的电影片酬是一百万。尽管张伟平总说“新画面是我们哥儿俩的公司”，但不管卖成什么样，票房分成都与张艺谋无关——全是张伟平的，没给过张艺谋。

无偿打工、艺术干扰、自尊受挫，张艺谋疲惫不堪，萌生退意。对张艺谋那封口头草拟的告别信，我只提了一个建议：“把让张伟平‘毕竟也赚了几亿’这句话，不要放在结束位置，要放在信的中间，必须有上下文的联系——虽然是你写给张伟平的私人信件，但要防止别有用心者，截掉这一部分内容，然后说你把张伟平的钱都赔光了，转眼就背信弃义、另攀高枝，省得你到时候百口莫辩。”

十六

张艺谋倦意已深，但他无法当众驳人情面，没有斩钉截铁地告知张伟平分道扬镳之想。他想采取写信这种温和而平静的分手方式，好说好散。直到 2012 年 1 月这个我与张艺谋聊天的晚上，从张艺谋的态度上，我觉得二张裂痕虽难以弥合，但不至于决裂——因为张艺谋依然试图在许多事情上替张伟平辩解，甚至说他的好话。

张艺谋提到，张伟平对他有两项最重要的“恩情”。

一是，张艺谋被委以奥运会开闭幕式总导演，张伟平说是他托关系帮忙办成。张艺谋并不知道是通过何种路径，因为张伟平言之凿凿又讳莫如深。张艺谋不打听，但笃信不已。

二是，若干影视大鳄出于羡慕嫉妒恨，分别于2004年、2009年两次，实名举报张艺谋、张艺谋工作室及张艺谋摄影组，要求彻查和清算，都是由张伟平出面调解与摆平。举报名单上，列举的全是赫赫有名的人物，既有与张艺谋熟识的著名导演，也有与张艺谋从未合作过的影视明星。这事我以前知道，因为张艺谋为此感慨过江湖险恶，他说自己从无害人之心，同道中人何来深仇大恨，如此相煎太急？

张艺谋没有什么大师造型，也不太把自己当回事，所以他没理解“狐假虎威”的寓言，没有分清到底谁是狐、谁是虎。这两件大恩大德，在当时，有道具，有配角，有剧情变化和出场顺序，一贯用人不疑的张艺谋从未怀疑其中有诈。很久以后，这两段重头戏终于被证实，是经过精心策划的圈套，只为恩威并施，拴死张艺谋。张艺谋恍然大悟，赞叹不已：“没想到，张伟平才是真正的表演影帝啊。”

因为这所谓的隆重恩情，逆来顺受的张艺谋只想安静地终止合作，并无他想。后来，号称“兄弟”的两人割袍断义，乃至鱼死网破——即使张艺谋本人，也未曾预料到形势的严峻。

分　裂

一

张艺谋适合当间谍，关于婷婷和孩子的事，他的行动和语言上都无着痕迹。不仅是我，工作室的人所知甚少。就连最为亲近的庞丽薇，长达十几年几乎是全面负责打理张艺谋各项事宜，也没想到，张艺谋藏住这么大一张底牌。庞丽薇此前跟我说：“导演虽然忙碌，但没什么私事牵扯，全是工作安排，不麻烦。”庞丽薇自然是先于我知晓秘密，可早也没早几个月，前后脚的事。她表达自己的惊讶时，形容得好玩：“哎呀，三个小孩都是正能折腾的岁数，我去导演家，感觉天上飞的、地上跑的，都是孩子。”

从认识陈婷，张伟平就是知情的。当年张艺谋带着陈婷在香港度假，一起去的，正是张伟平夫妇。2013 年 11 月，网上曝光过“张艺谋和陈婷同游太湖”的旧照，真正的拍摄地点并非太湖，而是澳洲——镜头对面的人，正是张伟平。事后，张伟平和陈婷同样背景甚至几乎是同样的姿势的照片也得以曝光，是为证明。并且，那次的澳洲之行，并非纯粹的旅行，张伟平要借水行舟。因为张艺谋作为“杰出人士”，受到时任澳大利亚总理霍克的接待——借着张艺谋的名头和面子，张伟平趁着这次出行，为自己的老婆和孩了都办理了澳大利亚绿卡。

很多看客都以为二张分手，是张艺谋预感张伟平报复，所以才在媒体曝光之前紧急结婚。其实，因果的秩序相反。2011 年拍完《金陵十三钗》，夏天，张艺谋的大儿子张壹男准备上学——此前孩子们上的国际学校并无严格要求，但等到正式入学，没户口不行。孩子们长期处于“黑户”状态，无论上学还是旅行，障碍颇多。这种情况下，在 2011 年 9 月 30 日，张艺谋和陈婷正式领取了结婚证。

张艺谋结婚没有事先告诉张伟平，属于自作主张，擅自行事，招致后者大怒。张伟平的太太给陈婷打电话，大发脾气地数落陈婷……好吧，还是用词直接点儿，骂了陈婷。陈婷自然委屈，伤心落泪。张伟平夫妇认为陈婷居心叵测，建议张艺谋“甭理他们”，并且在行动上施以颜色，撤回了给陈婷和孩子们开车的司机——这个司机的工资是张艺谋支付，人，是张伟平找来的。

张伟平率性而为，但这招比较失策。一方面，是令张艺谋难堪和难受，他觉得“不看僧面看佛面”，张伟平不应对自己的母亲和老婆如此不尊重，如此随意指责和教训，他消化不了这种屈辱感；另一方面，此事只有张伟平知晓，司机一撤，张艺谋完全抓瞎，孩子每天上学、上幼儿园都得接送，让他去哪儿找到可靠的人，既能立即到岗，又得守口如瓶？这种情况下，不得已，张艺谋只能让庞丽薇临时充当司机。

此前，张艺谋事事信赖张伟平，无论张伟平怎么被人诟病，张艺谋坚持认为：人无完人，不必求全责备。最关键的，张艺谋认为张伟平任性、鲁莽、没有文化、处事不妥是真，可他对自己的好，也是真心实意。张伟平是那种喝了酒能痛哭流涕的人，他搂住张艺谋的脖子说：“哥哥呀，你比亲哥哥还亲。”张艺谋在这方面相反，说不出来这么暖意汹涌的话，再心潮澎湃，也是茶壶里煮饺子罢了。张艺谋曾对张伟平深信不疑，不惜得罪他人，以维护所谓的兄弟情谊。

“张伟平以前不这样……”“我以为他真是想对我好的……”当后来的狼狈处境被人嘲笑，张艺谋偶尔低声自语。两个人的相处模式，是逐渐调整和变化的——我相信张艺谋在过程中尽管不适，并未做出及时的反馈，以忍让换和平，绝非是良好的沟通手段。两人关系的恶化，张艺谋也难辞其咎。张艺谋性格里的得过且过、多一事不如少一事，酿成后患。

比如，张艺谋反感与陌生人的应酬周旋，可张伟平把他约去，让他毫无心理准备就直接面对一屋子陌生的脸和手。张艺谋被迫全程笑容可掬，没话找话——这本是他最不擅长和内心抵触的。可这一屋子的人，或是喜欢他电影的，或是准备投资的，或是张伟平的熟人和朋友，不能怠慢。我不知道，张艺谋是否向张伟平郑重提起过反对，是否如实表达过自己的疲惫——也许有，但未受重视；也许没有，那就继续忍气吞声。显然，张艺谋对此类活动的厌烦积累到了一定程度，以至于当张艺谋意欲签约其他公司时，想把“拒绝应酬饭局”视为补充条款加到合同里。后来的正式合同里并无此条，张艺谋只是强调了创作的自主和自愿——只拍自己接受的题材和项目，拒绝在胁迫下拍摄电影。

与张伟平合作长达 16 年，张艺谋逐渐感觉自己被工具化，受到“兄弟情”的绑架——观察二张合影，发现基本上都是张伟平搂住张艺谋的肩膀，很难发现张艺谋的主动性。张艺谋不习惯这种“秀恩爱”，但他配合。张艺谋信奉“买卖不成仁义在”，希望以自己的退让，换来和平分手。

直到 2012 年 3 月，演员何珺的爆料，张艺谋遭到当头棒喝。

二

得知孩子的事情之后，我从未向他人透露。遇到打听张艺谋情感八卦的，我也只字不提。《金陵十三钗》公映之后，二张在宣传和一些我不愿谈及的细节上分歧越来越大，张伟平对张艺谋的去意有所预感，但未从张艺谋的嘴里得到证实。

我的理解上，张艺谋是个很怕当面撕破脸的人——面对张伟平的雄辩，他无以应对，而且深知必会遭到阻挠。张艺谋不愿再妥协，他想选择安全着陆的办法，回避正面交锋。从张伟平角度，认为张艺谋心机叵测且深重，需要给予敲打和警告。

2012 年 3 月中旬，何珺爆料的前夜——印象是在 12 日晚上，记忆的误差应该不会超过几天，那时我们已事先得知消息，因为媒体找到庞丽薇核实情况。谁有臂力能阻止从山坡滚下的巨石？何况，人家说的是实情，是脓疮早晚有一天会溃破创面。关键是选的时候好，时值张艺谋的政协委员身份三届任满，此时此举，对于揭发这位“老政协委员的嘴脸”，事半功倍。

第二天就要见诸媒体，张艺谋给我打了电话，铃声响起时已近子夜，聊的时间很短，并非表达愤恨，他的语气相对平静：“瞒也瞒不住了，跟你们家人说实话吧；省得新闻都出来了，你还得解释。”在这点上，他的理解让我意外又感动。我的确没有跟朋友和家人提及过他孩子的事情，虽然张艺谋没有提过要求，我也没有向他承诺过保密，所以他能猜到我守口如瓶，算是默契和了解。即使父母偶尔问起，我不愿对二老撒谎，也如实回答：“即使知道什么情况，我也不会告诉你们的。”那天电话响的时候我本来睡着了——听到解禁通知，我立即如释重负，迫不及待地，晃醒睡到半昏迷的先生，给他讲起张艺谋的八卦。

坦率地说，除了风雨欲来的不安，我还掺杂点不安中的兴奋，惺忪睡眼顿时充电量达至百分之九十。一方面说明，我对张艺谋的秘密滴水不漏，看似波澜不惊，可能临近警戒水位；另一方面说明，青春痘长在哪里最不愁人？当然是别人的脸上——就是对方长成了坑坑洼洼的月面，也有天文学家废寝忘食地拿起长距望远镜遥远地观赏。我当然知道，舆论对张艺谋不利，可是听着炸弹倒计时的滴答声，感觉也不好，还不如求个速决。

何珺说：自己之所以能拿到陈婷的照片，来自证件，容易找到——这的确是一张身份证上的照片，但何珺的话存在破绽。庞丽薇肯定是了解张艺谋事情最多的人，她是在 2011 年才第一次见到陈婷；我当时只闻其名，没见过陈婷，工作室的人员们连捕风捉影的可能都没有。何珺仅仅作为一个试过镜的普通演员，何来如此准确线索，能言之凿凿，把媒体跟踪都挖不到的资料公之于众？陈婷的身份证经常放在张伟平手里，除此之外，张伟平还有陈婷身份证的扫描件和复印件；而何珺的舅舅王晓华，是张伟平的助手，就是帮助翻译高仓健来信的那位。

何珺爆料时表达过愤怒：曾以为是因为自己微博泄密而被《金陵十三钗》剧组开除，没想到是被人设局，遭到无情算计。她觉得天理不公，所以要来伸张正义。小姑娘还是单纯，因为剧组里换演员是常事，何况还未正式开机——作为导演的张艺谋根本无需为解雇几个临时演员而处心积虑策划阴谋。

张艺谋说，《金陵十三钗》剧组成立之初，就对演员强调过保密纪律，不允许与媒体接触，也不允许在微博上发布消息。结果，何珺等几个演员还是在微博上透露了剧组信息。张伟平勃然大怒，把张艺谋叫过去，是张伟平激烈表态要炒掉这些演员。这样违背约定的群众演员，张艺谋没有“力挽”，只是提醒张伟平——这几个演员，有关系户，一个是张伟平的哥儿们托来的，另外一个就是王晓华的外甥女何珺。张伟平说：“有什么呀！我做主，我去跟王晓华说！”张艺谋后来苦笑，说张伟平描述的，肯定是另外一个版本的故事。

何珺当年报考北京电影学院，张伟平曾让张艺谋找人帮忙。如此说来，何珺这一枪，岂不拿反了方向？我问张艺谋：“你是不是觉得自己重复农夫与蛇的故事，是不是恨透了何珺？”张艺谋不解地反问：“我恨她干吗？不怪她。何珺是被一个策划大师的故事迷惑了，听信了杜撰的情节，然后义愤填膺，要揭开我的层层画皮。何珺就是一个小孩儿，她哪里知道什么内幕，不知者不怪。”

三

张艺谋确定无疑，谁是幕后操纵的那只手，信息的来源出自张伟平——以及随后曝光的孩子户口、家庭地址等等，因为除了张伟平，无人知晓得这么详细。过了一段时间，网上又曝出陈婷抱着三个孩子的照片——这是当年陈婷和孩子拍摄一组秋景照片之后，制作成小卡片，送给张伟平做纪念的。

多年前，张艺谋的父亲还在世的时候，只见过张伟平两三面，反对自己的儿子与张伟平合作。1997 年张艺谋父亲过世之前，最后一面见张艺谋，老人留下遗言："与张伟平的合作，让我非常担忧，想起来就闭不上眼睛。从面相上看，张伟平不善，如果合作得不好，你们一旦分手，你肯定遭到报复。你根本不是张伟平的对手，对付不了他。"

张艺谋说自己当年不以为然，父亲胆小怕事，难免有老年人的过虑；后来的桩桩件件，证实父亲所言不虚。张艺谋目睹张伟平对他人的报复，联想起父亲的遗言，他涌起阵阵寒意。跟过客交恶，张艺谋都缺乏勇气，何况这个既掌握自己把柄、又恩威并施的"兄弟"。张艺谋畏惧遭到无休无止的报复，他觉得自己根本没有能力与张伟平较量和抗衡。张艺谋多次想过分手，但一想到此后如影随形的追杀和围剿，就放弃了。电影里插入个广告都会使他分心，何况频繁的暗器？他还是想把精力放在创作上。张艺谋选择逃避，甚至是以更努力地工作来逃避，逃避未来的威胁。

尽管张艺谋心里早有准备，但何郡爆料，启动了预料中的复仇——张艺谋目睹多年隐藏在所谓情谊背后的，是赤裸的利益而非顾念的情谊，还是让他的内心寒意吹彻。

也许何珺曝料仅仅是个警告？也许张伟平无意分道扬镳，他发布一下信息，让张艺谋老实点儿，否则后患无穷？或者以张伟平的性情，难忍张艺谋如此处事，想出一口心里憋闷的恶气？张伟平最初的想法是不是想"给点颜色"？因为何珺曝料之后，听说张伟平放话，要整治一下张艺谋，让张艺谋早晚认识到自己有多厉害，最后，张艺谋还得回过头来求他"复合"；并说在工作室安排了眼线，张艺谋的一举一动都在掌握之中，没有他不知道的。这些威胁，甚至让张艺谋的整个团队都产生了心理压力。可对张艺谋来说，逾越了容忍底线，他的爆发是沉默的，但也是难以修复的。

凡事不能过界太多，否则，物极必反。何珺的爆料，恰恰坚定了张艺谋离开的决心。张艺谋就此事和陈婷商量过："一旦决定分手，无论以后的报复时间多么漫长，报复手段多么猛烈和阴暗，我们都得认命，没什么可抱怨的。"陈婷支持分手，愿意一起面对叵测的后果。张艺谋对我说："我一直是退后、退后，可退到最后，我一旦选择面对，什么结果我都能接受，无论是关铁窗还是挨刀子，我认。"是的，人一旦面对自己的软弱，恰恰是不再软弱的开始。

如果是和平分手，以张艺谋的性格，难免藕断丝连，不至决绝；及至图穷匕现，多少年来所谓的同盟，甚至比不上陌路者那么友好。

四

何珺爆料之后，张艺谋和张伟平之间再无一个标点符号的交流。2012年3月21日，我在工作室谈剧本，从助理那里得知，张艺谋正安排他们联系新画面，让庞丽薇带领财务人员去还东西——要把张伟平原来说是送给张艺谋、实际却署名新画面和张太太的那两辆车，以及演员经纪所得的四百七十多万，全部交还新画面公司。张艺谋嘱咐庞丽薇的话是："记住了，去的时候，咱们要挺直腰板，不卑不亢！"

说到演员经纪的问题，2008年底，张艺谋本来是为回来发展的女儿末末成立演员经纪公司，与演员三七分成：经纪公司拿三，演员拿七，相对许多经纪公司的五五分成甚至三七倒置，这个做法算是考虑和照顾演员的利益。这个三成，用于演员助理、经纪人的工资及公司日常开销。正在筹备和注册期间，张伟平得知讯息，力劝张艺谋放弃这个想法，他的理由是：如果万一官司纠纷，处理起来不管是张艺谋还是末末出面，都棘手，不如冠以新画面公司之名。直到那个时候，善良、糊涂且怕麻烦的张艺谋，还未彻底丧失对张伟平的信任，导致把末末的利益拱手相让，也使入行不久的周冬雨、窦骁和倪妮，日后面临与新画面公司或私下和解或对簿公堂的处境，解约过程可谓艰辛。

3月21日这天，当我得知张艺谋准备归还财物的行为，颇为不解："明明欠着你那么多钱，为什么还要上缴这些本该属于你的财产呢？损不足以奉有余，你就不替自己的孩子们想想吗？"张艺谋说："反正我不想沾他任何东西，一刀切，最干净。"就这样，二张分手之后的2012年3月23日，庞丽薇到新画面公司交接事宜，还掉张伟平借给张艺谋的两辆车：卡宴和捷豹；同时，张艺谋工作室的王霞分两笔，将合计4758975.67的演员经纪所得汇入了新画面影业有限公司。

张艺谋用他的沉默以应万变。即使张伟平隔空喊话，控诉"别说日久见人心，还人影都见不着了。"张艺谋亦无回应。

2012年8月29日，我去甘肃出差期间，看到张伟平击鼓鸣冤。从二张分手之后到与新公司接洽和谈判的过程中，我们屡屡受到干扰，让人心生烦懑。我问张艺谋："你为什么不对媒体澄清呢？谎言之所以能说到理直气壮的程度，是因为拿准了你不回应。你知道你成了个什么形象？成了薄情寡义的白眼狼！"

张艺谋说："君子绝交，不出恶声。无论是夫妻、朋友、上下级、合作伙伴，只要是决定分开，即使我有百分之百的真理也无需向他人陈冤，因为所谓的正义在传播过程中会变成八卦和笑话。相当于两口子打架，要站在街上拦住路人喊冤，过路的大叔大婶啊，你们给说说，评评理啊……我嫌丢人。我知道说出实情有利，可换来什么呢？别人不过说我窝囊、愚蠢、活该，看完热闹，人家就一句话：分赃不均狗咬狗！你觉得那有意思吗？起码，我为了自己的尊严，也要保持沉默。”

“善者不辩，辩者不善”，这是出自《道德经》里的话。孔子在《论语》里也说：“君子欲讷于言而敏于行”，与老子的主张一致。然而，他们所言的中国古代社会环境消失了，如今这个喧嚣时代，沉默是金？也许这是装进坛子、埋进土里的金子，因为无人知晓挖掘之地，等同毫无价值。你以为的轻蔑，不过是他人眼里的胆怯。

风波愈演愈烈，张艺谋依然不改初衷，他说：“澄清事实毫无用处。不说别的，你就看看那些网络之争，看看甄子丹与赵文卓，看看韩寒与方舟子，方舟子和崔永元，旁观者看得云里雾里，一团乱仗，多是跟着起哄，能有什么是非曲直的结论？除了法律能一锤定音，议论不管用。最好的结果，不过是媒体给总结一句‘罗生门’，特别没劲。我们不用花那些工夫，干活儿是真的，不耗在这里浪费时间和精力。”

五

我相信张伟平是既伤心且愤怒的，但我没想到，他会直接上阵瞄准张艺谋开火，对媒体发言，攻击张艺谋所持，不过是个皮包公司。

张伟平这句是实话。张艺谋原本只有个工作室，算个平时维护运营的小团队，他没有自己注册的公司，是在 2012 年 3 月与张伟平分手之后，才正式注册名字有点奇怪甚至拗口的公司。我问庞丽薇：“这个北京公司的名儿是怎么起的，是不是找大师算过笔画？最好能取了个保平安的，可经不起折腾了。”庞丽薇说：“哪儿啊，没找人算。”结果，其中一个字，张艺谋随手写成繁体字了，我们最初开具发票时总因为写错而遇到麻烦。

在某种意义上，张伟平概括张艺谋工作室的话言之有理，的确是个皮包公司。但皮包公司怎么了？至少，比包皮公司好，藏污纳垢不说，还导致发炎和短效，合作起来当然影响快感——需要的，只是一次尽早的环切手术。

皮包公司还有个特点，通常存在资金短缺的问题。张艺谋被舆论塑造成挥金如土的奢华派，我要说他也存在资金困难的问题，别人肯定觉得我疯了，替主子哭穷到了不要智商和脸面的程度；何况张艺谋被媒体拍到好车豪宅，怎么巧舌如簧，也推翻不了图像上的铁证如山。可惜，剧情荒诞而真实。

张伟平借给张艺谋开的卡宴车和捷豹车，前面提过，还了。张艺谋的坐骑，以前是与宝马公司合作的名人用车计划，张艺谋可以免费使用，每两年续约一次，现在已归还宝马公司。张艺谋后来使用的那辆和原来一模一样的卡宴，当初也是按名人用车计划执行的。

说说房子。很长时间里，我曾以为张艺谋住在三环玉泉营，号称别墅，其实是个小产权房。他也的确在那里驻留，庞丽薇去过，基本上是被当作仓库，没什么居家气氛，他不做饭，冷锅冷灶，冰箱里只有两种东西：牛奶和矿泉水，厨房恨不得上封条。当然，那时陈婷及孩子们被隐蔽他处，不在此居住。

1991 年导演《大红灯笼高高挂》，张艺谋领到的片酬不是钱，是位于北京三环以里老虎庙老华侨公寓的一套房子，是五六十年代为最早的归国华侨盖的。房顶举架很高，楼道宽阔，整个院子只有两座矮楼。当年房价不贵，但这套面积为一百七十多平方米的房子很好，绿植丰富，环境幽静，用现在眼光看，是标准的低密度。张艺谋的妈妈喜欢，希望在此养老。这套房子交付之后，张艺谋自己还没住，就直接借给张伟平了。张伟平夫妇在此居住了五六年，张太太生孩子、坐月子，都在这里。张伟平夫妇搬走以后，陈婷接着住过一段时间。

再后来，张伟平几次找到张艺谋，说他太太喜欢老虎庙的这个房子，因为在此生孩子所以怀有特别的感情。张艺谋受不住这个，心一软，就答应把房子送给张伟平。张伟平非常高兴，一个星期之内，就找庞丽薇办理了过户手续。然而数年之后，影视圈里的朋友告诉张艺谋，张伟平把这个房子卖了，听说卖给了美术师曹久平。这个曹久平不是外人，担任过《我的父亲母亲》和《大红灯笼高高挂》的美术师。你张艺谋倒是问问啊，问问曹久平，或者问张伟平，是不是把自己所赠的房产卖了——不，张艺谋不问，他张不开嘴。

张艺谋还有一处房产，在东四环的一个小区里，离现在的工作室近。2005 年左右，我第一次知道这个小区，因为时任中国旅行社副总的孙鲁毅有意购买，但他拿不定主意，希望我给个参考意见——我极力赞同购买。当时房价是六千多，的确是个好项目，后因位置和品质的原因上涨不少，买得早的算是赚上了。张艺谋买这个小区的时候，也是这个时间，也是这个价位，无论是自住还是投资，都值得；但若说张艺谋在此的房子有多么奢侈，倒也勉强。他另有一套房子给了末末。另外还有房子，谈不上豪宅，相当于中等居民楼，后来因为交纳社会抚养费和迁居新家，陆续卖掉。

与张伟平分手之前的很长阶段里，张艺谋在北四环一处离鸟巢很近的高端项目“盘古”住了两年——这个项目的老板是张艺谋的粉丝加朋友，把样板间无偿借给张艺谋一家老小使用。张艺谋跟我表达过，他都不知道怎么感谢。老板的女儿小美在美国学习导演，张艺谋说让我找几个年轻策划，未来帮助小美做电影。为此，我联系了颇具才华的马小淘、蒋峰、纳兰妙殊等年轻作家，跟他们分别打了招呼。随着小美的电影计划暂未实施，此事也就搁置了。我见到小美真人，是在《归来》剧本的筹备期，这是个有意思、有见识、有想法的孩子，绝非浅薄而张扬的“富二代”。《归来》拍摄期间，小美跟着剧组，算是帮忙和实习。

二张分手后，张艺谋离开了盘古的样板间，在北京顺义郊区租住了一个别墅。张艺谋的确在无锡有个地理位置很好的别墅，买得早，升值多。但现在一家老小都在北京，只能重新置业。乐视给的签约费，加上卖了手里其他的房产，张艺谋把这些钱都用于买新宅，算是终于，真正过上了别人以为他早已过上的好日子。可惜，买了苹果就买不了梨，工作室的迁址计划只得延后。我当然希望工作室早点更新换代，这样至少从办公环境的改变而言，我也算几朝元老啦。

因为直到奥运会闭幕，张艺谋并未领到数部电影的片酬，他靠接一些零星广告和杂活运转，比一般百姓的日子肯定好很多，但养老妈、养老婆、养孩子，加上庞大的日常开销，负担不轻。外界都以为张艺谋赚得盆满钵满，其实没签约那几年，离得近的人，都知道张艺谋在打肿脸充胖子。但人在肿到一定程度，再肿是有难度的。张艺谋那张刀刻的脸，和多年维持不变的瘦型，再怎么打肿，也不是个像样的胖子。

如果不认识张艺谋，有人向我如此描述他的经济状况，我才不信，以为不过是黑爪牙编得离谱的瞎话。

六

我记得，与新画面分手又没签约乐视的阶段，经济最为困难。剧组人员博杂，来往众多，从巩俐、陈道明，到应聘的秘书司机化妆师，都曾在一楼餐桌吃饭。我妈妈是内科医生出身，我从小就对饮食卫生格外挑剔，建议买个消毒碗柜，我觉得这是必备的。几次建议，庞丽薇由衷认同，却不见行动。我有点芥蒂，多少不解。后来得知，从公司账目上看，有点……舍不得买。到了 2013 年 3 月，工作室已到弹尽粮绝的地步。除了张艺谋的日常开销，工作室还有司机、会计、厨师、秘书等行政人员，全靠张艺谋这边储存的家底儿独立支撑。张艺谋还要个人垫付改编费和编剧费，尽管合作者多有体恤，但加在一起，费用沉重。

庞丽薇已代表张艺谋向程十庆、陈小东等友人化缘，以解燃眉之急。不仅如此，张艺谋向庞丽薇本人借了70万，向制片主任黄新明也借了50万。我没那个经济实力和交情，只好无偿工作——每天义务劳动不说，基本上还要自付各种工作上的开销。

正在做《归来》剧本的邹静之，开始不知实情，隐约得知信息后，向我求证。张艺谋不让我说，他不愿意向别人“哭穷”；可我不擅撒谎，尤其对诚心以待的朋友，所以对张艺谋算抗旨不遵，坦白窘态。邹静之表示，剧本创作无需依照合同执行，只要是张艺谋自己扛着，他就不再要任何稿费，直到有新公司接手、我们的债务危机解除为止。邹静之说：“太不容易了，导演执意给，我也不要，大家一起克服困难。”这边，张艺谋也不干：“困难是自己造成的，又不是人家的责任，凭什么让人家分担？心意领了，但尽量履行合同程序，对创作者才公正。”

因超生被媒体公布将罚748万的当晚，邹静之再次展现侠义本色，打来电话："已经看到了，30天之内必交，告诉艺谋别为难，我这儿有现金，愿意替他垫付。"此事令人铭感于心。不过那时张艺谋处境已非艰难，乐视的签约费，加上又卖了房子，让他能够支付；否则，真有砸锅卖铁的危险。

张艺谋公布的收入被质疑作假，即使计生委已详细追查过，处罚过程中也有波折。竟然有人怀疑，所谓被罚748万，是对社会的表面交代，实际上张艺谋根本就不会交。

我悲凉，我们多聪明，多会怀疑，我们多不容易上当！没有什么公信的尺度，我们什么都不信了，只信任自己盲目的感觉。把张艺谋说得多坏都有人信，说好？从可疑到鄙夷，别想让我们上当！

不光是针对张艺谋，多年来我们都习惯了只信坏事、不信好事。我们到底怎么啦？谁让我们变得不信任彼此？我们天然认定他人或居心叵测或恶贯满盈，只有自己一腔天真和无辜，备受欺凌。是不是，这暴露了我们处境的可怜，只有依靠这些频繁而无处不在的怀疑与警惕，才能让我们在不安定的生活里，维护一点点可怜的自保？

张艺谋即将被罚款748万的消息公布于众，当晚我和东方出版社的许剑秋、张杰和《南方周末》的朱又可在茉莉餐厅吃饭，正议论此事，张艺谋来电。我说："虽然被罚，但你应该庆幸重归人民怀抱。以前老百姓心里有气，认为你是沆瀣一气的获益者；现在被罚，发现原来你也不能逍遥，并且损失惨痛——心里的怒火消了，也许还会对你滋生几分同情。"张艺谋将信将疑："会吗？也许网友觉得罚少了呢。我看网络留言，恨不得罚上几千万才解气。"我笑："陈婷和你生的第一个孩子，不算超生，因为婷婷是初婚初育。你这算是新创纪录，超生两个孩子被罚成这样，前无古人、后无来者。”

随后的单独二胎放开政策，以及对社会抚养费的存废讨论，似乎在佐证我的预言。

七

难怪张艺谋心生疑窦，自超生曝光到重罚之前，口诛笔伐，不绝于耳，有些网友出语之激烈，几乎像在审判恶贯满盈的国家公敌。大众狂怒，质问张艺谋凭什么能享受特权，为什么能轻轻松松，为孩子上了户口？

张艺谋的孩子“黑户”多年，直到第三次全国人口普查，为了更人性地处理问题，无锡政府并未要求户口必须与社会抚养费挂钩，只要有出生证就可补上户口。无锡并非特例，有些其他城市也是如此办理的。

说到出生证，还有个插曲。陈婷生孩子是张伟平联系的，走的是国际医疗部，花钱多，人家管接生，但由于没有准生证，所以医院不给办理出生证。可陈婷拿到了三个孩子的出生证，都是张伟平给办理的——张艺谋说：“我感觉张伟平神通广大，无所不能。”二张分手后，陈婷把一个孩子的出生证弄丢了，无奈之下，只能自己去医院补办。这才发现，医院系统里没有任何记录，几个孩子均是如此——也就是说，张艺谋夫妇拿到的是三张假证。这一结果，让张艺谋迷惑且惊讶不已：“知道有许多制造假证的人，我没想到自己拿到的出生证也出自他们。张伟平怎么连这种事也骗我？”

什么都能造假。2012 年 11 月 25 日，有个陈剑先生站出来，说是陈婷的哥哥，代表张艺谋发言。我们不知道这位哥哥的来路，有点儿懵。不说做梦娶亲的亲戚，就是说实在的血缘脉络，哪怕曲折到山路十八弯也不怕——这么勇往直前地非说自己是人家亲戚，想法另类。就演技而言，陈剑演“亲戚”不到位，还得多学多练；但是他执著，从来没有轻言放弃，始终战斗在前线，令人肃然起敬。

交 748 万社会抚养金之前，有些网友嫌过程太慢，质问政府为何效率如此之低。原来，无锡计生委的 9 人行动小组经过多方调查取证，已核定了张艺谋的收入情况，确认了应征收社会抚养费的金额，即将对外发布……2013 年 12 月 30 日，突然遭到张伟平快递过来的材料，新画面举报张艺谋向媒体公布的收入与实情不符，存在着 500 万的出入！

张伟平提供的收入证明材料，说张艺谋“2000 年、2003 年没有个人收入，2005 年收入 8408650 元人民币。”因为超生孩子越多，所需交缴社会抚养越按几何倍数增长，如果按照新画面公司的证明，乘法之下，张艺谋所要交纳的远远不止 748 万；特别奇怪的一点是新画面公司说，这 8408650 元人民币中有 500 万是现金。张艺谋苦笑：“拿那么多现金，我疯了，要撒传单吗？张伟平替我办理的上税，既然税都交了，我就光明正大地转账啊，何必冒那么大危险，背一麻袋现金奔波呢？说实话，我都不知道五百万现金是多大的一坨，是一书包、还是一个手推车能装下？”

这个，要怪得怪张艺谋，因为张伟平出具的证据，是由张艺谋签字 500 万的钱款收条。张艺谋签过各种条子，出于盲目的信任或怕麻烦，他不经仔细地阅读，拿起笔来就签；甚至是一些他至今都想不起具体内容和数额的白条，他根本没意识到未来隐患。庞丽薇最先得知这张可怕的收据，明白它可能导致社会抚养费的翻倍上涨，心乱如麻，急电张艺谋：“导演，你签了这样的收据吗？到底怎么回事？”肇事者张艺谋，竟然根本想不起是什么时候和什么情况下签的，不争气的张艺谋这样回答：“我当时都不知道签的是什么，现在就更不知道了。”唯一能肯定的是，张艺谋真的没有实际拿过这笔钱，他心一凉：“完了，这算是被讹上了。”

幸亏律师冷静，说现在查账，不能光凭签字和收据，还要看链条性的证据，要综合其他因素——尤其公司的账目，多年前的账目做不了假。于是，张艺谋再次呼吁有关部门彻查，自己何时有过500万的银行入账记录，他原话是：“如果额外有资金隐瞒，我愿意坐牢。”同时张艺谋这边的律师，也要求张伟平出具提现500万的银行记录。

2014年1月6日，无锡计生委再次来北京取证，唯恐出现纰漏无法向社会交代。他们找到新画面公司委托的代理律师佟洁，进行调查，但张伟平的新画面公司无法进一步提供2005年向张艺谋支付8408650元的证据材料。上述事实，被计生委以谈话笔录的形式予以确认，张艺谋这才在数额上没有雪上加霜。计生委对外接受采访时，特别补充了一句：“张艺谋的社会抚养费如有疑义，将严格接受社会监督，待取得有效证据后追加相关费用。”算是针对这个插曲的总结。

张艺谋的律师最初接触他时，几天都在震惊的余波中，难以想象张艺谋竟然是这么一个糊涂蛋。比如，2011年1月20日左右，《金陵十三钗》开机不久，新画面公司会计赵淑芬和田肇君两人赶到南京的拍摄地，找到制片主任黄新明，让他去找张艺谋签署两千万的《金陵十三钗》劳务合同，说是张伟平要拿着这个办理银行贷款和保险。黄新明说：“我不敢，这么大数，说不清楚，你们自己找导演说去吧。”赵淑芬和田肇君找张艺谋签字，张艺谋就签了，他脑子里闪过瞬间的念头：是否需要备件。但人家把合同拿走，就没给张艺谋留下副本或复印件。张艺谋签过多少类似的文件，他早就忘了，可钱款并没有打过来——而且，文件从来都是由新画面公司保留孤本。

不知道是被张艺谋吓着了，还是被他气糊涂了，律师声音都快颤抖上了："导演，你没再签什么吧？你要是再签了什么东西，咱们可全完了，没处申冤啊！"

张艺谋这种人，需要一个全面替他操盘的管理者，他对处理日常而琐碎的东西缺乏基本耐心。在商业环境里，张艺谋没有学会妥善地经营与维护自己，怪不得别人。张艺谋的作为，让人为他捏把冷汗，而他自己常常浑然不觉。所以向着他的人，提心吊胆的，不知道他明天会掉到什么陷阱里。谁都不是没什么毛病的圣人，许多事儿防不胜防，不知道什么时候，什么幺蛾子和圈套就到来了，张艺谋这种不看脚底下的盲跑者能保证不掉出去吗？

悬！

八

与新画面公司分手之前，张艺谋在演艺圈里属于"独行侠"，甚至赶不上二三线演员的配置标准——张艺谋没有经纪人，没有律师，没有发言人，没有保镖。他不喜欢虚荣的场面，可惜这不是排场不排场的问题，是根本不够专业。他事事找庞丽薇，只要能有人解决问题，只要能维护运转，张艺谋就不做他想。

2002 年，张艺谋的一个香港朋友，曾把自己留学海外的孩子托付过来，让孩子利用一个暑假天天跟着张艺谋实践。张艺谋难却情面和信任，答应了下来。

两天过后，张艺谋找到庞丽薇，寻求解决方案："我不喜欢随时随地有人跟着，不知道拿孩子怎么办，也不知道怎么交流。可我已经答应人家，不好食言。要不然，让这个孩子跟着你吧？"庞丽薇奇怪张艺谋的思维，跟我说："你说导演怎么想的？人家是要跟着你学习，跟着我干吗？"

张艺谋成立了自己的公司之后，一切渐归正轨——他有了经纪人和律师，也算有了名人的标配。我见到了新聘请的姜律师，是个精明强干的女白领，负责各种法律文案。

再后来，2013 年 12 月受徐皓峰之邀，我们去东四环某办公楼看他的新电影《箭士柳白原》。我到大堂去接张艺谋，先从车里跳下来的小伙子孔武有力、臂肌蓬勃，是新面孔，不认识——原来，是保镖。

与新画面公司分手之后，有人语重心长地建议张艺谋，必须配备保镖，以防明枪暗箭。张艺谋独来独往惯了，多少年来从没有用过保镖；但这次，庞丽薇不顾张艺谋以往的习惯，坚持雇佣保镖。庞丽薇说："导演那天和我聊天，语气伤感，已经考虑到各种情况……话里话外，都有托孤之意了。我拿定主意，不能什么事儿都听他的，所以第二天就去找了保镖。"

九

我不了解张伟平，不了解行为背后的心理动机。买卖不成仁义在，如果张伟平觉得自己承受许多委屈，张艺谋更没有占到任何便宜，吃亏更大——如果合作不畅，大不了缘分已尽，从余音绕梁到音信渐弱，或从渐生倦意到老死不相往来罢了，何至如此翻转角色，从兄弟变宿敌？

我的个人分析，受限于井底之蛙的角度，可能与真相差之千里……然而，如果不这么推测，我就难以理解了，情感和逻辑上都无法设计出通路，所以只好由着自己妄加臆断。

是否张伟平与张艺谋的相处模式发生了变化，尤其后期，张伟平的心理越居优势？或者张伟平认为是自己的发行能力，使张艺谋声名日隆，此等汗马功劳不容抹杀；张艺谋翅膀硬了就想飞，门也没有！或者，张伟平认为自己才是那个有资格喊“停”的人，凭什么突然沦到张艺谋？骄傲的张伟平猝不及防，感觉失衡，认定张艺谋是忘恩负义之辈。我不知道这种心理上的受挫，能够支撑多久的愤恨。

张伟平风光的时候，好歹记者得举着话筒听、举着相机拍，分手后闪光灯的耀目和抢镜的风光渐归寥落倒也无妨，关键是张伟平以前在朋友们面前是随时调动张艺谋的人；而张艺谋的决绝，多少让张伟平有些栽面。

我不知道张伟平是不是这种类型的人，权且以小人之心度君子之腹了，抱歉。有一种人，维护亲近关系的办法，就是给对方施压，让对方不断感觉亏欠自己；这样对方必须对自己好，必须偿还这累累的情感债务——然而，想还，是永远还不清的，肯定越还欠得越多。比如张伟平说自己最初怎么仗义疏财，只给张艺谋投资，多少发财的机会都错过，奥运会期间怎么公司停转，怎么为张艺谋抵挡明枪暗箭，为了拍《金陵十三钗》怎么抵押自己的房子……尽管张艺谋明白，只是说法而非事实，只是张伟平出于营造形象的需要而进行的艺术夸张，依然给张艺谋造成日益扩大的心理阴影——仿佛让张艺谋长期负重的目的，就是要把他打造成一个永远的负义者。

早年许多最具实力的公司和财团都找过新画面，目的是与张艺谋合作。每每都与张伟平谈不拢，包括上市，包括投资，都成为流产的泡影。是担心张艺谋被拐跑了，还是因为不满足于自己可能获益的价码？张伟平说："要上市，我多少年前就上市了！"但是，为什么不呢？详情不得而知。

张伟平曾找到印象公司要求合作，意欲每年分走百分之二十的利润；遭到王潮歌等的拒绝和反对，不明白这般的理由是什么，难道仅仅因为掌管着张艺谋？因为印象系列没有让新画面公司加盟，这也成为张艺谋遭受指责的一个理由。"赚钱的时候就不想着我们了！"这些话，张伟平夫妇不断重复，提醒张艺谋亏欠着他们。这些对张艺谋来说，让骆驼不断负重……很可能下一根，就是导致压垮的最后一根稻草。

张艺谋始终沉默，以沉默来回避矛盾，这是他的毛病。人家不给片酬，张艺谋不问；自己赠送的房子被张伟平卖了，张艺谋不问；巩俐被张伟平夫妇设计种种情节和细节，他只要问一问巩俐，那些圈套迎刃而解，可张艺谋，就是不问。"哀其不幸，怒其不争"，这个不争，对张艺谋来说是双关语，既是不争气，更是不争取。然而，一个不断被捅刀子的受伤者，我们不能因为他一言不发就谴责他冷漠；就像不能亲手把人打成重伤，只要拿出一块创可贴，就幻想对方应该将自己视为恩人一样。

十

张艺谋属于那种超级忍耐的性格。别人要是踩了他的脚，他不吭声；踩出了血，他不吭声；都踩成残疾了，他才找个机会一声不吭地拄着拐走开，找个地儿自己疗伤去了。踩他脚的人，有时并不知道他已经受了那么大的伤害。如果张艺谋一不舒服、一疼痛，就发出呻吟或抗议，也许不会出现以后的不幸局面。张艺谋的容忍尺度远超常人，多难受都不好意思倾诉和呻吟，面子上还能装得若无其事，被我戏称为“痔疮式痛苦”。坦率说，我不认为这是多么伟大的美德；恰恰相反，表面的宽容里，隐藏着忍气吞声、逆来顺受的懦弱。

同时，张艺谋一旦忍无可忍，一旦开始绝对反击，就不会再在迂回中选择妥协。他会变得毫不动摇，坚不可摧——这是因为悲观者平时不较真，有内在的怠惰与畏难情绪，但碰到大事情，他会比那些怒目金刚者更有平静而坚决的担当与反抗——这其实也是另一种形式的宿命与悲观。

他可能循规蹈矩，也可能石破天惊，总而言之，张艺谋身上充满矛盾，并由此汇聚成奇怪而强大的张力。说他心里盛事的评价者，未必了解，张艺谋是依靠对称的超负荷来完成他的平衡。

虽然后来二张势同水火，但奇葩的是，两人在漫长的合作过程中从来没有吵过一次像点样儿的架。张艺谋和张伟平到目前为止的最后一次见面，时间是2011年的12月11日，地点是在北京的政协礼堂。因为那天是《金陵十三钗》的首映礼，二张都着装正式——现在回想起来，简直是隆重的告别仪式。表面看并无异常，除了他们之间几乎没有什么亲密友好的交流，无论是在电影开始之前的贵宾室，还是电影结束之后的餐厅。张伟平在酒桌上更主动积极一些，操控场面，谈笑风生，看起来并不失态的；张艺谋吭声不多，有时跟刘恒、严歌苓和我说上几句。他们两个在一起的时候，总是如此：一个声高一个音低，一个更老板气派一个更员工风格，一个嚣张一个拘谨。张伟平显得强势，可张艺谋的低调里并不意味永远的屈从。

这个夜晚之后，两人分道扬镳，有过零星的电话联系，再无会晤。张伟平对媒体申诉："有什么事儿，咱哥俩不能见面聊聊？不至于吧，就这么躲着？"张伟平或许更适应当面锣、对面鼓的方式。假设张艺谋的憋屈和恼怒，可以拍桌子、踹板凳、掀桌子地呐喊出来："张伟平，你不给钱不行！拖欠付款日期不行！干涉我的创作不行！干涉演员安排不行！在投资规模上说谎不行！设局骗我不行！……"问题或许能够解决的，我相信张伟平具备平衡和妥协能力，至少让事情具有商业化的公平。

从获利角度讲，商人都希望能够维持最低成本的运营。拖欠数部片酬，张艺谋都能忍下来，张伟平就觉得张艺谋是认可这种合作模式的；那《山楂树之恋》也好，《金陵十三钗》也好，我不是不给钱，还是按以前的老规矩，到时候一起结算呗。你张艺谋不愿意，好，那你提要求，咱们谈啊，何至是连个过渡都没有呢？

张伟平忽略了，张艺谋的吃力和不快已经变成日常的压力和应尽的义务，恐怕谁都难以持续。尤其这种隐忍，建立在珍惜之上，一旦张艺谋认识到兄弟情谊只是获利的包装手段，他既不喜欢受虐又不擅长讨价还价，可能就会不辞而别；张伟平让自己的家人受到了侵犯和威胁，张艺谋必然决绝。

我倒觉得，张艺谋应该由此好好感谢一下何珺——毕竟因为这个姑娘，婷婷和孩子们才得以重见天日，是好事。相当于，张艺谋在井底的黑暗里晕死过去，何珺接过一块别人递来的石头扔到井里，正好把张艺谋砸醒了！然后，张艺谋抱着井里藏着的金子，垫着何珺投下来的石头，爬出井口，哎呀，天光大亮，他不当井底之蛙了——这不是天大的好事吗？

后来陈婷开微博，发一些家庭消息和孩子照片，有的网友认为她是苦尽甘来，也有人认为她是一朝被扶正，便忙于得瑟。我不知道陈婷的表达里，有多少成分是出于对某种势力的无声反击，但我了解一个情况：孩子们总被偷拍，张艺谋夫妇不堪其扰；陈婷觉得还不如自己发照片，告诉大家，这只是一个没什么神秘的普通家庭，有着自己的幸福和苦恼。

陈婷本人显小，样貌甜美，身材出色，比媒体上被偷拍的效果强多了，也比她自己的照片好看。她是那种相夫教子的传统类型的女孩。张艺谋在外吃饭很少吃虾蟹之类的海鲜，嫌麻烦；要是陈婷去皮去壳地剥好了，他不拒绝，拉开牙床直接享用成果。三个孩子懂事，不打架，就跟有等级制度管理似的，小的听大的。出门的时候，壹男已经能够帮妈妈提东西了，并且在家里最具威信——用壹丁的话说，他在学校最怕"虫子和大哥"。心地善良的壹丁睫毛很长，在大风天或沙土堆里玩耍的时候，别的小朋友迷了眼，他没事，靠的就是雨刮器式的睫毛。壹娇的绘画天赋出色，张艺谋工作室的礼品丝巾，图案用的就是用壹娇四岁时的画作。我们开玩笑说，不管谁娶了长大以后的张壹娇，都必须先把因为生她缴付的五百多万交了。

图为小女儿张壹娇学妈妈陈婷摆 pose，摄影者为张艺谋。

十一

树欲静而风不止。张艺谋有一段时间颇受困扰，大大小小、明明暗暗的风波没有停过。

2012 年 7 月，开始是铁道部的广告片事件。张艺谋对此做了说明，承认自己获得导演报酬为 250 万。他也有一些没说出口的内容。当年拍摄宣传片的影视公司跟铁道部签的是一种合同，说保证张艺谋为署名导演；影视公司与张艺谋签的是另一份合同，聘请张艺谋参与创作，保证不让张艺谋署名——张艺谋对阴阳合同的操作过程以及整个制作成本等情况毫不知情。直到媒体曝光，张艺谋让工作人员联系铁道部，从他们发来的部分传真件中比照合同版本，张艺谋才大惊失色，知道里面的机关。

并非传说中与铁道部官员相互勾结，张艺谋没与铁道部打过交道；是拍片公司联系的张艺谋，而这个公司老总是张艺谋的旧部。被全民喊打的时候，张艺谋也没有供出和指摘这位旧交，他没有推卸责任。我曾说："你都自身难保了，何必不说明全面的情况？"张艺谋说："人家给我找活儿干，出事了就把人家交代出去，那我算什么？我那时没片酬，250 万对我来说是笔大钱。虽说我因为这事形象负面，不过就是多扣一盆屎少扣一盆屎的事儿，可有一段时间，我指着这钱过日子呢……所以，我得认命。"

大约是 2012 年 9 月左右，新画面发律师函，要求蒲伦上缴个人的全部经纪收入——这本来是蒲伦的个人劳动报酬，否则诉诸法律。原来一直是张艺谋工作室的蒲伦管理演员，且二张刚一分手，张艺谋就已把演员经纪所得四百七十多万归还新画面公司，此后蒲伦几乎独立管理周冬雨、窦骁和倪妮三人，和张艺谋工作室和新画面都联系不多。面对新画面公司的诉讼，那段时间，我几次遇到哭红眼睛的蒲伦，委屈而无措。

张艺谋若是坚持自己当初的计划，由末末开公司来做演员经纪，何至让自己如此被动，也连累了出道不久的新演员，倪妮、周冬雨和窦骁，都经过与新画面公司非常艰难而痛苦的解约过程。蒲伦跟着张艺谋工作多年，更被迫忍受诉讼的折磨。

二张分手之后，张艺谋当时执意交还给新画面公司演员经纪所得共四百七十多万的收入。若是听了我们的话，若是不交还这笔款项和相关账目，演员完全可以因为新画面公司“无作为”而顺利解约——因为新画面公司从来在演员经纪方面有任何投入，他们手里没有任何账目，没有任何证据，没有任何记录。可张艺谋事先也不咨询律师，他自认倒霉和吃亏，以为都给干净了，从此划清楚河汉界——其实相反，张艺谋等于把亲手把所有兵器都递过去，引燃了张伟平新一轮的侵略战争。

果然，不良后果像多米诺骨牌一样发生。此前张艺谋工作室由蒲伦负责管理演员经纪，会有一定的成本消耗，加上刚才说到经纪人酬薪等等，这部分花出去的钱有大约三百多万。新画面公司拿到了审计报告，有了金额上的来往记录，不满足于白拿到手的四百七十多万，要求返还那部分已经给演员和经纪人花出去的费用，全部返还，包括累加的利息。官司起诉的是蒲伦，其实隔山打虎，打的是张艺谋。这个官司一审已由北京市海淀区人民法院宣判，判决蒲伦返还新画面公司三百多万，具体说是 3481024.33 元——因为人家新画面公司声称，觉得既然署名是我，那就都是我的钱，就没让你们花。这意味着，张艺谋在演员经纪这块儿不仅没赚钱，还要承担巨额赔偿。蒲伦为此上诉，直到 2014 年 12 月底，此案正在北京市第一中级法院的审理过程中。我估计张艺谋工作室还是要赔钱的，只是赔多赔少而已——谁让你张艺谋如此不加考虑，没想到张伟平拿了账本之后，既不喜悦也非平静，而是要起诉，要得更多。

2013 年 5 月，张艺谋又成了“葫芦娃他爹”。我是从手机新闻上得知这个耸人听闻的消息，张艺谋正在国外。若说张艺谋多年来清修自持，禅心如定，我不信；若说他夜夜笙歌，忙着给七个孩子当爹，他不像有那么顾全的本事。我心神不定，一会儿看事件进展，一会儿看各种网评，边走边看手机屏幕，结果从亚运村金鼎轩餐厅的台阶上摔了一跤，摔得人仰马翻、五官狰狞。

张艺谋回国当天，通知我紧急开会，我瘸着腿，龇牙咧嘴地爬上二楼的会议室。话说，我很少见到上午时分的张艺谋，他是夜猫子，一般是下午两点开始工作；而这天，一点不像“八九点钟的太阳”的八九点钟的张艺谋，从机场直接来到工作室，根本没有回家。一方面，他熬一熬，能尽快把时差倒过来；另一方面，可见事态严重。

开会时加上张艺谋，只有几个人，意见分歧很大。有的朋友主张，再冤枉也要沉得住气，否则诬陷一次解释一次，没完没了，这会是一个越陷越深的泥坑。我主张单刀直入、和盘托出，承认三个孩子的事实，否认“四个女人七个孩子”——后者不是数量的问题，而是暗指这人的形象，具有某种道德败坏的倾向。围剿之下，陈婷和三个孩子根本是个藏不住的秘密，早晚都要揭盖子，不如趁现在，比私底下咕嘟泡儿好，烧干锅了更无法收场。

关于“葫芦娃他爹”，无论我们的方案是向公众解释还是彻底回避，张艺谋当时有个小顾虑，竟不是因为自己：“会不会影响到无锡办理户口的工作人员？唉，我看，最后也躲不了干系。”即使孩子上户口并非特权，是按着无锡地区的地方政策统一执行的，张艺谋依然不愿有所连累——从他的理念上，凡是对自己有所帮助的，即使不能回报，也要对得起人家，至少不能以怨报德。

十二

按照以怨报德的说法，张伟平所作所为似乎也难以解释。毕竟，他因为张艺谋挣了大钱，出了名，耍了威风，给妻儿办好了澳洲身份，而且白拿一套房子、一辆车，张伟平为什么觉得委屈？为什么还要不依不饶？难道，真是“升米养恩人，斗米养仇人”？张太太当初是巩俐影迷，那么喜欢巩俐，后来却编造种种目击者的证词，伤害于她；张伟平始终说，自己对张艺谋最是善待，手足之情也好，肝胆相照也好，都敢拿血肉之躯打比方，结果是背后乱箭齐发……难道，“不是一家人，不进一个门”？

即使不算张艺谋给的演员经纪那笔钱，仅就他给张伟平那套二环与三环之间低密度的北京房产，加上那辆吉普车，按时价来算，已经冲抵张伟平支付的片酬——换句话说，打《英雄》开始，跟张伟平合作这十几年来，张艺谋算是白干了。赔本你倒是赚吆喝呀？可惜张艺谋不仅在经济上颗粒无收，这个阶段他的声誉也下滑严重。张艺谋啊，这是何苦，为了一个概念中的“兄弟情深”？

张艺谋自述和张伟平，就是“两个奇葩的相遇”。张艺谋说：“人在异化的过程中，是难以自察的。每当电影上映，张伟平就引导媒体文章归兄弟情深的方向走。他冒充投资人的时间长了，造型摆习惯了，他真感觉自己就是投资人；文章里描述他如何出手救我于水火，他自己都信以为真，信得热泪盈眶的。因为张伟平越说越多、越说越信，我从不反驳，十几年来重复这个神话，他把自己都骗了。张伟平坚定地认为，对我恩重如山，我不辞而别，才是大逆不道。张伟平自认对我所有的追剿，都出于正义。”

关于近十年来孤家寡人的处境，张艺谋回溯了历史。他还记得，为《幸福时光》投资的杨老板善待自己，酒桌上的张伟平因此被激怒，骂骂咧咧，脸上不好看，嘴里不好听。张艺谋诧异：“杨老板是为咱们投资的啊，怎么又冲突起来了，你这不是把人家打跑了吗？”张伟平的理由是：“我就不能看到有人对你好，不能看到你对别人超过我，我的感情是排外的。”

这样的戏码一再上演，其实出自同一套策略。张伟平编造，说圈外的影视大鳄集体状告张艺谋，甚至让张艺谋看伪造的告状材料，然后，张伟平警告张艺谋江湖险恶，强调：“他们多坏呀，你不要跟这些人来往，只要有我就行啦！”张伟平对靠近张艺谋的人保持高度警惕，尤其向张艺谋表示好感的朋友，他甚至会防着张艺谋工作室的成员——往往挑拨，然后离间。巩俐只是整个布局中第一个被拆除的棋子，随后到来的关系密切者，“格杀勿论”。只有清场，张艺谋才无所依傍……然后，才便于控制他。张艺谋拒绝合影者都有点困难，这种人，怎能拒绝他们未来的种种要求呢？即使是不合理的要求，只要态度上软硬兼软，最终都会达到目的。精神软禁，目的，是为了物质盘剥。

张艺谋的悲剧在于，他可以解决更具难度的智力问题，但无法对付这么低端的世俗手段。越说实话的人，越容易上当，因为他们无法想象有人撒谎时如此磊落，这根本是在他们的习惯、常识与经验之外。张伟平不是靠着多么高明的策划征服了张艺谋，恰恰相反，他用的都是低与暗的操作——就像人类的听域有限，超出的高频听不见，低频，也是听不见的。所以，张艺谋再有艺术智商，也难防被没有文化的头脑蒙骗。

张伟平对张艺谋的概括是非常准确的，他一再强调："艺谋啊，你这人最大的缺点就是不会防坏人，最大的弱点就是拿坏人没办法。"张艺谋说如今自己深深体会到，张伟平是如何将此付诸实践。

没有谁自认是坏人，每个人都认为自己无辜且正义。明辨善恶尚且如此之难，何况践行？

菩萨慈悲心肠，金刚霹雳手段。没有原则、立场和底线的退让，只能导致姑息养奸。我发现，善良并非绝对的美德。除了自身的懦弱，善里面，还隐藏着看不见的恶。恶，有时只停留于微小的邪念，只有仰赖善的滋养，才能具有罪行那强大而非凡的活力。善作为恶最有效的肥力，直接参与对恶的培养，并且成为恶的催化酶。流血的伤口，才会吸引和召唤鲨鱼；缺陷的人格，就会对丑恶，发出盛情的邀请。

往残酷里说，是张伟平显现出如此的张艺谋，是张艺谋造就如此的张伟平。我不相信，张伟平对待所有人均是如此。张伟平一定有他的慷慨和仗义，一定有他的通达和妥协，否则张伟平就不会结交到任何朋友，甚至不会结交到当初的张艺谋。张伟平与张艺谋合作的第一部电影《有话好好说》，张伟平给钱的时候，痛快且大方，这也算是张伟平仅有的一次慷慨了——为什么，后来却对张艺谋如此苛刻……黑豆皮上刮漆，古佛脸上剥金，蚊子腹中抽油，鹭鸶腿上劈精肉？张艺谋也令人不解，当第一次发现，人家在鱼钩上都不舍得放饵料的时候，假设你立即一哭二闹三上吊，哪有后面的苦情戏？

简单的一句"交友不慎、遇人不淑"难以解释。从二张身上，人们可以说看到传统社会的温良恭俭让，与商业社会血淋淋的丛林法则，存在巨大的冲突；也可以说是狼与羊的斗争……但从他们的个案上分析，两人之间，甚至不是善恶相遇——而是人性中两种弱点的相遇，是贪婪和懦弱的相遇。互为催生的化学酶，效力倍增；这是极致的相遇，导致极致的效果。

十三

张艺谋说："我终于深切体会到，什么叫'不怕贼偷，就怕贼惦记'。面对永无休止的报复，我被迫反思自己，是何等无能，竟然错到如此离谱的程度。"

我曾怀疑，张艺谋得了迫害妄想症，谁会整天惦记着让他"身败名裂，倾家荡产"——我不相信有人以此作为"终身的未竟事业"，毕竟人人都有自己的生活。后来各种匪夷所思的幕后无聊剧情，说出来上不得台面，我无语。

此消彼长，涌若层澜。一会儿张艺谋被控非法用工，派出所前来调查情况；一会儿说陈婷与末末关系不好，其实婷婷每周都邀末末夫妇来家里一起吃饭；一会儿让张艺谋与落马高官扯上政治关系，谁有问题，就说张艺谋与他的关系水深火热；一会儿又有冒牌的狗仔队前来忏悔，给陈婷微博发送私信，这些递送过来的小炮弹，目的是燎起家庭关系的战火……抹黑手段，着实让人目不暇接。张艺谋还是缺乏应对能力，是在别人的提醒下，他才让网络工作人员截屏以收集证据。甚至到了2014年

末末夫妇给张壹丁过 8 岁生日。

8 月，之所以张艺谋提出诉讼，讨要《三枪拍案惊奇》的 1500 万分成——这是张艺谋第一次讨要所谓的公道，更多出自一种忍无可忍的决裂表态。

张艺谋并非耿耿于怀，他无心恋战，愿意息事宁人，好好腾出精力去做事。如果没有频发暗器引发的往事钩沉，他几乎不怎么提及过去。即使内心很不痛快的时期，我也没有听到他对张伟平有过发泄式的谩骂。甚至不满和愤怒也是冷静的，从张艺谋的口气里我听不出是宿命、淡漠还是心寒。他不过多品评张伟平的家庭和私人生活，我不知道，这是某种做人习惯，还是张艺谋为自己设立的底线。

好吧，这值得我学习，即使影响书籍销量，我也不涉及二人的私生活。一方面所知甚少，不愿以讹传讹，打死也不说是因为啥也不知道；另一方面，这算教养，我得慢慢学着提高个人素质。揭秘会产生哗众取宠的效果，但“己所不欲，勿施于人”，我没有狗仔队的专业精神和承重心理，还是知难而退好了。

这本书的读者里，张艺谋未必高兴，张伟平也不舒服。不过没关系，张艺谋被诬陷成“葫芦娃的爹”“国家公贼”都挺过来，张伟平也是条豪迈汉子，不会因人微言轻的我写下几段闲话就如鲠在喉。张艺谋不信文字功用，他说：“扔石子只会引起新的风波，争辩的结果，不过有人接了话茬，接着策划和举证新的情节，达到的效果呢，也不过是把水搅成个烂泥塘。”坦率地说，作为一个经验和胆量都有限的策划者，我编不出以后的情节，也不知道未来我是否后悔和后怕。有人建议我如果出卖此书的影视版权，片名就叫《兄弟》，说比《中国合伙人》更具现实意义和批判力量。影视之于生活，毕竟是勺饮而知海味，无法比及后者的浩瀚与丰富。是啊，现实是出热闹纷繁的狗血剧，但愿我不因此沦落为荒谬的丑角。

即使情侣分手，一人远离并遗忘，一人驻守且记恨，总会显得后者的形象更失意。我不知道张伟平是否承受着剧烈的委屈和辛酸，但无论怎样，必须承认，这个世间的情谊多数不能善始善终。既然天下没有不散的筵席，还是不要等到朱门酒肉臭的时候彼此败兴。能散就散了吧，从此井水不犯河水。张艺谋已找到新的搭档，继续做他的电影；如果张伟平对电影没有心灰意冷，我也祝愿他重新找到合作愉快的导演，继续策划和发行新的电影——那时即使出于好奇，我也会去电影院支持票房。

这是我作为一个因善良而胆怯者的诚心祝愿，希望两人之间烟云散尽，细雨洗尘，或在发热的摄影机后面废寝忘食，或在美好的异国他乡修身养性……总之，各自好运，散了吧，江湖两忘。

签 约

一

二张分手不久，许多影视公司纷纷表示与张艺谋的合作意愿。

只是那时张艺谋依然没有经纪人和律师去帮助他谈判，还是庞丽薇闪转腾挪，虽然她的身份从助手变成总经理，但工作并无变化，还是事无巨细，全面应对。张艺谋并不直接出面，一般是由庞丽薇先与影视公司接触。为了不显得势单力薄，我偶尔也作为蹩脚女配角陪庞丽薇前往。为了怕别人构陷张艺谋苛待员工，更为了作为谈判代表的虚荣心，我迅速更换开了八年的飞度，开着巧克力色的新车前往会晤地点……心情也像半融化的巧克力，苦甜参半，略为忘形。我不懂行规和谈判技巧，担纲不了什么重要角色，出勤而怠工，功能相当于一个句子“啊啦吧呀哈”之类的语气助词，也像会场的速记员，跟着跑了全程，却对整个局面毫无控制。我只剩内心一双旁观者的眼睛，见识人情冷暖。

与张伟平合作期间，张艺谋被迫成了“无价”的，我们并不知道身价和标的应该多少是合适，只好守株待兔，然后在“兔群”里比较和选择。

商人精明，初会之下，他们表态诚恳而数字模糊，不易试出虚实。第一个给出具体数字的，是小马奔腾已经过世的总经理李明。李明也是陕西的，为人豪爽仗义，在圈内口碑极佳，被称为“大狗”。我还记得第一次见他的那个晚上，他比约定的时间早了许多就来到工作室，印象深的，是他穿得特别艺术范儿，我愣是半天没分辨出，那片以灰色布匹织就的装束到底是裤子还是裙子。接触不多，但我喜欢和信任李明，感觉这个性情中人特别诚恳。

受李明之邀，我还和张艺谋、庞丽薇一起，去他们那里吃过饭，钟丽芳和张一白作陪。包子太好吃了，荤素都好，难言其妙。李明看到我们仨如此倾慕包子的美味，盛邀下次。深知李明他们工作忙碌，我们既贪吃又不好意思频繁打扰，所以懂事且客气地说："你们别耽误手里的事儿，下次聚的时候，你们忙你们的……包子在场就行。"那天吃饭气氛愉快，李明自己基本上不动筷子，只喝点酒。可惜李明英年早逝，自此一别，我再也没有见过他。他真的再也不可能在场了。这个西北汉子，让人惋惜和心疼。

不知是哪个环节走漏了风声，影视公司后来都以李明提供的数字为参考标准。从我们这儿的泄露唯有一次，是位具有良好知识背景且非常敬业实干的老总，他想知道其他公司的出价情况。在老总保证绝不泄密的情况下，庞丽薇透露了一下，我立即就从他的眼光里判断出我们的失策。不过我很快释然了，谁都不容易，这位老总有着自己的个性和原则，他的态度里直接的情绪表现，远比心口不一者更率性本真。我的难过来自隐隐的委屈，和这位老总无关……夜色已深的北京，我记得那些本来是暖色看起来却分外寒凉的路灯，才不像张爱玲形容的什么"薄荷酒里的冰块"，只是，冰块。

谈判过程，数度起伏，我心渐生幽暗。我本性悲观，外人难以看清我内心的败絮，只作轻贱之物来判断——我甚至承认这种理解是对的。人人如此，被命运的大风吹拂，吉凶未卜。虽然做了精神准备，张艺谋签约并非朝夕之事，然而过程之漫长，还是远远超出我们的预期。

二

最开始与新公司签约之事进行得紧锣密鼓，几次就要一锤定音了，甚至就在张艺谋准备签字的前夜，临时生变。原因种种，不再赘述，就如情感讲究缘分，甭管是因为性格还是误会，反正两者没有缔结婚姻。然后，节奏突然慢下来……近于停滞。

庞丽薇和我开始心生疑窦，惴惴不安。张艺谋倒是气定神闲，他说不用我们操心，有位朋友帮他联络和牵线，我们只需原地待命、静候佳音。张艺谋工作室这边确实没有专业的谈判高手，在张艺谋的描述中：这位朋友极为可靠和能干，常人难以望其项背。

因为朋友许诺的签约费用高得惊人，张艺谋感激且惶恐。他秘密拉了名单，二爷三叔、七大姑八大姨的都位列其中，生怕遗漏了哪个，准备一一奉上温暖资助。另外，张艺谋觉得自己有责任“回馈社会”，把任北京电影学院院长的老同学张会军拉来——张艺谋准备拿出一笔高额经费，为母校建立一个奖项。二人认真讨论方案细则，万事俱备，只欠东风——只等张艺谋的款项到账，即刻启动。这么瓜分发财梦里的财产，可谓“熊未打死先谋皮”。

马上，马上，现在只是暂停键。稍等，稍等，签约的事即将一锤定音。我为签约仪式准备的衣服，一次又一次过季了……但没关系，张艺谋说，很快！

然而，这个暂停键维持得竟有八个月之久，一再延宕。这位朋友和张艺谋单线联系，我们既不知这位高人身份，又不知任何详细的进展过程。只是从直觉上分析，中间人的做法不合常情和逻辑，似有种种破绽，端倪不祥。我们追问和提醒张艺谋，他老人家守口如瓶，稳坐如钟。

工作室在这个过程中艰难维计。一方面，需要抵挡突然而频繁的暗器；另一方面，负债运转，上上下下全是嘴，我仿佛时刻听到齿轮相互磨损发出的咔嗒噪音。庞丽薇虽然早已过了青春期，但由于内在的精神压力导致内分泌紊乱，额头和脸颊上的痘包此起彼伏，连绵不绝。我本来就是一副臊眉耷眼的苦相，这下残花败柳都算不上了，直接开除植物界，整天是在尘土里打滚的泥泞表情。两个怨妇面面相觑，唉声叹气，看起来比婚姻遭受挫折的伤心人还要折磨、挣扎。

经过大半年期间的反复，我虽然没有得到任何内线消息，但内心基本认定，张艺谋是被骗了。我饶舌警告又有何用，只会被当作不明真相的群众。以张艺谋用人不疑的原则，不到头破血流，他还是相信自己走向的是通途而不是南墙。

就像进入矿坑越来越黑的隧道，隐隐听到矿难即将发生的警铃——我后来几近绝望，蹬腿闭眼，不为做梦娶媳妇，只为避免目睹惨案。我到处旅游，不问世事。然而，就在这个时候，峰回路转，张艺谋与乐视“闪婚”了。

三

签约乐视几周后，张艺谋和我聊天，坦诚了自己的遭遇。他的表情既懊恼、尴尬，也有不好意思和自嘲。出于对他自尊心的维护，我除了简约概括，以后在任何场合不会提及、说明和描述。

原来，那位热心帮忙的神通广大者，果然始终在欺骗张艺谋，依靠的纯粹是个人表演，编织谈判过程的起承转合，只为享受自吹自擂中的虚荣——种种杜撰，纯属子虚乌，那些场景从未在现实中有过一瞬的真实发生。因为张艺谋事先被这位高人反复叮嘱：勿与人言，绝对保密！所以张艺谋恪守承诺，只字不提，甚至对庞丽薇也未交底牌。

说来可笑，这位高人与张艺谋并无深交，是朋友的朋友介绍认识；而高人所联系的影视界的几位当事者，张艺谋本人就认识，都见过面——但高人要求张艺谋不要插手，张艺谋就不插手，一味盲目信任。直到，千疮百孔的漏洞，那么明显而频繁地摆在眼前，再怎么编造也难以自圆其说。张艺谋进行了本来并不复杂的核实：五天之内紧急约见了影视界的三个当事者，面对面交流，一试所知真假。三个人的态度几乎一样，都是茫然且错愕。张艺谋这才恍然大悟——那位高人时不时汇报的进程，从未在现实中运行过半步。尽管张艺谋为了自尊心的缘故，很快岔开话题，还是被明察秋毫者看出了苗头：咦，张艺谋这是被谁忽悠了？

被延误的签约过程，不可避免给张艺谋带来损失。即使对这位险些误了大事的神仙，识破真相的张艺谋没有指责和质问，他只在一次通话里，暗示自己洞悉谜底。对方支吾之后，挂断电话，就此神龙入云、泥牛入海，彻底隐身了。

这是标准的张艺谋行事风格。在人际上并不精明，他总是把人往好处想，不存先期的警惕，会在糊里糊涂的信任中接受弥天大谎。不过，无论遭到怎样的伤害甚至毁灭性的打击，他都不会当面撕破脸。尽管那位神游的中间人，行为害人害己、匪夷所思，张艺谋也没有在背后极尽刻薄，他甚至没有我得知实情时的恼怒。世界之大，无奇不有，张艺谋感慨："挺难堪的，我真够笨的，能一而再、再而三地上当。提起这事，我都不好意思说。"直到数月之后，张艺谋才拿这段经历当黑色幽默的荒谬段子看；庞丽薇和我当观众，张艺谋模拟高人的表演手段，以情景再现的方式嘲笑自己的弱智。

是啊，张艺谋一直以为自己是高仓健的戏份，那个杜丘深沉地装傻；没想到自己是真傻，最后等被逼得快跳楼了，才明白自己到底是谁——因为别人喊他的名字是"横路敬二"，苍穹下，尾音悠远地这样回荡："二、二、二……"，是够"二"的！

确实没想到二张分手之后，茶还没凉呢，张艺谋接着栽跟头。不是偶然，是极端性格导致的必然，有些委屈和欺骗，根本不可能发生在事事练达、三步一岗五步一哨的精明者身上。他的弱点，是他终生的困境，终生的围城，多么深刻的反省也难以完成自我解救。

遭遇此劫，张艺谋当时难免心境暗淡。然而塞翁失马，安知非福？世间奇妙正在于此，关窗的同时，新的大门豁然打开。

和乐视影业的结盟，绝对属于"闪婚"。庞丽薇和张昭在丽斯·卡尔顿酒店只见过三五面，每次谈的时间大约是一个到一个半小时的样子。前两次口头协商，最后一次用电子邮件文字往来，张昭迅速完成合同，确认之后走律师程序，可谓"短、平、快"。

分　析

一

方希为了完成《张艺谋的作业》，希望短期内对张艺谋的性格有所了解，曾为他做了一个名为 RtCatch 的个人价值诊断测评。这是欧美研发机构在两千万份以上的科研样本基础上设计的系统。它把人大致分成老虎、孔雀、猫头鹰和考拉几个类型。我是猫头鹰加考拉，猫头鹰是讲求程序正义、在操作层面务实的一面，而考拉，惧怕挑战和冲突，懒惰，避世，随遇而安。我一点没有老虎的主权控制和孔雀的乐于炫耀。许多人会以某种类型为主，方希，标准而纯粹的大老虎；我，是把两种看似对立的东西放在一起，所以人格上拧巴。

我们好奇张艺谋会是何种表现。他极快地做过答卷，前后就几分钟，然后抢答式地上交。为了保密，我们给他起了个平庸的化名，送到专业公司评估。

答案，是戏剧性的，出乎我们意料。测评专家大为讶异，他们没有见过类似的类型，颇感迷惑：因为他的四项数值竟然全部上线，这是罕见异相。他的能量值超高，扛压能力极强，自我成就感却很低。专家们亲自上网，搜寻这个未闻其名者是何方神圣，未果。最后，他们坚定地判断，此人必是著名人士，如果他依然低调到隐姓埋名地生活着——那么，这必是一个深居幕后的大毒枭。

的确，张艺谋是个极端的矛盾体，因此才会充满性格张力和命运起伏。比如你说张艺谋小心谨慎吧，对，他事无巨细，警惕所有环节可能出现的纰漏；你说他胆大到不知道什么叫怕吧，也对，能把自己性命攸关的事搁在一个不靠谱的过客身上。你可以把一堆截然相反的形容词搁他身上——他就跟莫高窟似的，盛得下神明也装得下鬼怪。我从来没有见过一个优点如此突出、缺点如此赤裸裸的人。假设你让我用一个形容词来概括他给我的印象，第一反应跳在脑袋里的，不是好或坏这种道德判断上的评价，而是：难以置信。张艺谋显得低调而神秘，围绕他的猜测从未停止。与众不同乃至匪夷所思，也使他活在舆论的两极评价里：有人特别喜欢张艺谋，有人态度同样强烈地不喜欢张艺谋。

毋庸讳言，张艺谋是训练成绩和比赛成绩都不稳定的人，状态忽好忽坏，忽高忽低。不像李安，李安给人一种特别踏实的感觉，有稳定的价值观，有感情和理性的平衡。如果拿骰子作比，李安每个面都是五个点儿，而张艺谋的点数安排得特别不均衡，有的面儿七个点，有的面儿一个点，有的面儿根本就是光板儿，完全无法预测他的胜算机率——没有规律可循，即使作为主创成员之一，我也无法给出任何预测。骰子在空中旋转，我唯有紧张地闭上眼睛，听天由命，等待宣判。

张艺谋自嘲，自己走路的步态高一脚低一脚，就像不稳定的电影水准一样。他因为拍摄了某部文艺片获得肯定，有评论说他弃暗投明、从善如流，但张艺谋并不会因此约束自己的题材选择。他说："人家说我浪子归来，浪子归来？也许还没看清脸呢，我就浪子又归去啦……"

以我个人谬见，以为出现这种情况，是张艺谋身上的诸种特殊性原因合力而为。我悲哀地发现：他一生作为受制于他的极端性格，"成也萧何、败也萧何”的性格。有时他品性上的优点在创作环境下，反而构成难以逾越的缺憾。

二

是的，做人的优点容易转化为做事的弱点。

比如，张艺谋性格上的执著，典型陕西人的一根筋。性格上直接简单，没有太多褶皱，做人和交往上是优点，转换为作品，反而局限。不够辗转，缺那种柔肠百转，在缜密甚至是小心眼中才有的敏感和神经质。我曾直接表达过遗憾：“为什么你的情感类型不是千层饼型呢？这影响到如何艺术地理解和处理感情。”张艺谋说：“我懂，可我还是不愿做那种曲里拐弯的类型。而且，我还怕跟心思复杂的人交往，不知道人家琢磨什么呢。”

张艺谋是那种人，只要扔给他一团泥巴，张艺谋就一声不吭、满头大汗地在那儿做雕塑去了，不与人交流，他物我两忘，时间和空间都不存在了。过分努力，如果方向错了，别人只能走到五里地的错误，他由于刻苦坚持，能错到百里以外，乃至错到荒无人烟的埋骨之地也不自知。艺术创作上的执著，使他发生矿难而不自知；生活中执迷不悟，更让他历尽劫波。

我问张艺谋：“你有什么爱好吗？”

他说：“电影。”

我说："除了这个呢？"

他说："没有。"

以我之见，这种专注绝非好事。作家会不会写小说，有个重要的衡量标准，就是会不会写闲笔——那些看似不重要的东西，看似目的之外的东西，那些弦外之音，会对作品产生决定性的影响。甚至生活那些闲散的时光，那些非功利的消遣，都对艺术创作起到秘密的支撑——只有主脉，没有毛细血管，肌体细胞无法得到养分。而张艺谋，唯电影，这使他的判断系统单一，缺少丰富的参照系。

工作态度的疯狂还导致了其他问题。娱乐圈里有潜在的友情脉络，这些影视大鳄时常聚会，轮流做东，推杯换盏之间，热络的感情巩固了。不仅在工作和生活上便于帮衬，谁一旦出了纰漏，总有站出来帮着说话的。张艺谋怕应酬，他只是工作、工作、工作，没有维持人际热络的时间、精力和兴趣，自然缺少圈子的帮助。一旦冷箭射来，别说替你挡枪子的胸口了，都没几个递盾牌的，因为跟你不熟，人家不知道这里面的是非曲直，莫若缄口。

对身边的工作人员，张艺谋平常不注意嘘寒问暖、春风化雨，缺乏情感上的投入与交融。他既不倾诉心曲，不交流情报——所以，天塌下来，有大个儿的顶着，别人怕被飞沙走石或流弹击伤。张艺谋那么大的名头，尚且被阴影笼罩，何况我们这些螺丝钉，当然不像像发动机似的一掌定乾坤。这就是张艺谋的处境，遇事的时候，没有防火墙，没有减震手段，直接砸在他本人身上——没有别人帮着扛，他只能自己顶着。

三

甚至心性上的善良，也会带来负面效应。有一次，电影宣传期，我看到摄影记者为张艺谋拍的照片成品，场景设计太俗气了，只有土，没有纯朴；把张艺谋的表情也拍得奇怪，不酷，说不出是得意忘形还是傲慢不踞，反正没有值得肯定的表情。整套照片综合起来，效果相当令人讨厌。我问："你这组照片太糟糕了，不是难看不难看的问题，是把你拍得完全符合知识分子对你负面判断，什么暴发户啊，什么腐朽堕落啊，什么醉生梦死啊，你的照片简直为这些词汇提供了形象认识！你怎么同意拍这种照片呢？拍了以后，你就没审查一下吗？"张艺谋很不喜欢摆姿势拍照，可他也不事先设防地提出什么要求，到了现场，才发现人家的情景设计方案，自己已陷入包围圈中。而满意于自己创意的摄影师，正兴高采烈，请君入瓮。张艺谋即使心生排斥，可是这个"老好人"不愿勃然作色、让对方难堪，只好隐忍着配合上阵，变得任人摆弄。他知道不好，可不愿卷人面子，导致的代价，就是个人形象被丑化。

创作者常常具有职业化的自私，活在个人世界的经纬里，他不需要与世界、与他者的交流和妥协，他在自己的王国里唯我独尊，反而因此获益。比如萧红，我感觉她在生活中的性情不可爱，但几乎带有自私感的任性，或许有益她创作上的自由。

在这方面，张艺谋有着"好人"的麻烦。你让他像王家卫那么慢慢悠悠地拍，管你投资人是不是急得要上吊，管你延长档期是不是给演员带来麻烦……不行，张艺谋承受不了这个压力。即使张艺谋明知自己对张伟平毫无亏欠，每每听到张伟平如何为他受苦受累，也会给他的心理

拍摄《秋菊打官司》。

加诸。

我曾问他，为什么不考虑在电影里植入广告，杜绝广告是否为了塑造自己的纯粹。冯小刚和宁浩的作品里，广告植入既自然又不破坏剧情，水乳交融，并非涉及商业就是庸俗。张艺谋说，不是因为多么高尚的原因，自己没有那个本事，他会因此分心，无法专注，只好放弃。冯小刚、刘恒、麦家等都在杭州溪地有自己的工作室，人家最早也联系过张艺谋——他不敢要，因为不知道怎么回报人家。就像与新画面分手，张艺谋与新公司签约时，除了考虑签约条件，心理还有另外的隐忧。张艺谋愿意自由自在地拍电影，怕承揽经济上的重责，怕扮演公司的顶梁柱角色——万一对他信任的股民不仅没赚钱，还损失惨痛，他当然算不上难辞其咎，可想起来还是让他有些畏惧。

拍电影更是如此，张艺谋认为不能因为自己的创意让投资人重创，也不能因为自己的延误影响演员下一步的档期，他不觉得个人的艺术创作天然地高于他人的日常要求。有时，张艺谋因诸多对他人的顾忌而牺牲自己的艺术设想。

四

张艺谋热衷创新，这本来是好事，但他求变不求稳，结果可能是石破天惊，也可能是鱼死网破。我很喜欢《一个都不能少》，他为此态度寡淡，因为此前的《秋菊打官司》已用过纪录片风格，他缺乏由新鲜感带来的兴奋。张艺谋总是在尝试各种方向和可能——创新，创新，有时可能成为创伤上的新。刘恒老师质疑过这种工作方法的效果。他说：“拿打猎作个比方，有时伏击能逮个老虎；可是把整个林子都蹚遍，野兽早跑了。说不定，到最后猎人精疲力竭，反过头来自己还被野兽吃了。”

张艺谋抗拒自己被符号化，他更愿意拥有天真的艺术家气息，更向往拥有艺术探索中那种包含了犯错的自由。担任奥运会总导演后，有人称张艺谋为“国师”——谁也不敢在工作室这么称呼，因为他会疯狂反扑式的驳诉。张艺谋特别怕被捆绑在神坛上，他不觉得自己具有所谓的使命感，诸如“国师”称谓，于他如若绳索，他当时挣扎着摆脱，急于跳下来，根本没看清下面是不是油锅……奥运会之后，他没有走高大上的路子，他有过令人失色的失策，紧接着拍的是《三枪》。

一会儿跳高，一会儿跳远，成绩不理想没关系，他只是热爱田径的人。张艺谋似乎没有注意到，仅只热爱是不够的，他不能随便登场，因为许多人认为他应该承担引导者的功能。可是他如此喜欢艺术上的冒险，甚至不怕干出“牛逼变傻逼”的事儿。张艺谋脑子转得极快，讨论会如同打擂，形影移动，几番下来，我们无力对攻，卧倒一片，独他一人依然闪转腾挪，对着自己的影子作战。之所以能犯那种不可思议的低级错误，在于张艺谋自由创意时的飞扬，会让他专注到忘记基础逻辑，其错误之简单，能到达令人瞠目的程度。

记得有一次讨论剧情，说一对夫妻有个女孩，夫妻其实并未生育，所以女孩并非亲生，女孩自己不知情，家里谁知情、谁不知情呢？他说：“奶奶知情，爸爸知情，妈妈呢？哎呀知情人太多，妈妈不知情为好。”我们反驳：“妈妈知情、爸爸不知情才对啊，这是常识。”但张艺谋在他自己的频道里，坚持剑走偏锋，要走和别人不一样的路数。他肯定地总结："我们就是不让妈妈知情，太俗套！"我们匪夷所思："女人当然知道自己怀没怀孕、生没生产。这个妈妈连自己生没生过孩子都不知道，难道她是植物人吗？"张艺谋两耳不闻窗外事，继续构思故事，半天才猛然醒悟："噢，对啦，我要是个女的，自己的肚子大没大过一定是知道的，每天一低头能看见。"这么低端的常识问题，他都会发生认知识别系统上的障碍，没有在第一时间做出准确判断。每当在沉浸情节设计里，他孤往绝诣，有时一骑尘烟，就到了不理世事、不辨是非的绝境。

张艺谋急于创意的独特，却有悖基础的常理——他在第二步以后绝对是天才，但在最基础的层面容易出现匪夷所思的重大失误。他就是这么个人，一旦走偏，不可思议，能因为爱上一个酒窝而娶了心脏病姑娘。明明掉入陷阱、张艺谋却自以为置身乐园的时候有，而且以后可能还会发生。张艺谋并非传言中的老谋深算，并非始终运筹帷幄——他有时情之所至、语无伦次；有时刚才还一身光鲜，转眼就摔到臭水沟里；也有时虽然天下一般黑，只有他这儿，乌鸦彩绘成凤凰。

艺术上呈现的非理智，与他的生活中所显现的一样，许多时候，张艺谋做出了不理智的选择。以我个人偏见来看，理智之中的理和智，是有区别的。理，是道理和事理，是靠知识、教养、训练能够习得的东西；智，是才智和能量，带有灵性、天赋和能启的色彩，有时不需要辅助培养手段。理，带有物理性的严谨；智，属于化学性的突变。理是"应该"的必然性，是逻辑链条运行的规律；智是"奇迹"的偶然性，是一种来自天赋的直觉判断。理是客观呈现，智是主观判断——两者比较，张艺谋的"理"缺乏，而"智"旺盛。

理，容易说明白，就像温度计的水银柱，有着清晰的刻度；而智，不好表述，相当于一种体感温度。通常一个人不理智，指的是混沌的整体状态的判断丧失。而张艺谋不同，他的理弱而智强，也有理非常强悍的时候，可那时，智又不见了——他的理与智，不同步。

可惜，理与智必须同时具备，而且它们的关系必须吻合，才能称为理智，就像硬币必须具备双面图案才成为可以流通的钱。如果理和智的关系不吻合，比不理智带来的后果还要可怕。一般人的理智同步，只有程度高低之分，相当与标准温度差几度罢了。相当于别人看温度计，基本上就知道该穿什么衣服；而张艺谋的温度计和体感呈现分离乃至背离——相当于温度计指示热烈，穿着泳裤出去，外面却是天寒地冻；温度计指示冰冷，等裹严实了像个元宵，外面却是滚烫的油锅。

每个人虽有分裂的部分，但理和智基本捆绑在一起，使他们“有多少钱，办多少事”。张艺谋，人格分裂得远比别人厉害，连理智都让他切成互不相干的碎块儿了……也许这是他的特色？就像哥窑以其细密的裂纹而著称。

五

不被声名束缚，不在大师头衔下装腔作势。张艺谋在艺术上勇于冒险，愿付代价，不惜头破血流，这是让人尊重的胆量。之后，面对结果，张艺谋是个平静接受的现实主义者，不抱怨，不申辩。

无论想法上有多么上天入地，张艺谋在现实层面的操作层面，讲究落地的可能性，是行动上的绝对务实派。他不在幻想上久久徘徊，笃信“最小的行动也大于语言”，这使他的形象不像艺术家那么前卫先锋，那么高蹈缥缈，那么玩飘耍酷。

我在台湾旅行的时候，读到严歌苓《陆犯焉识》的电子版。读罢掩卷，泪落如雨，随后我给歌苓打电话——那天，正是她父亲萧马过世的日子。推荐给张艺谋，我心怀犹豫，因为这个题材容易胎死腹中。从我的个人趣味上，不喜欢《十面埋伏》《黄金甲》和参与其中的《三枪拍案惊奇》。有些片子虽热闹，甚至观影时刺激，但不过像电玩世界，当场是热闹和刺激，而与人们的内心情感没有发生真正的擦痕。我喜欢《陆犯焉识》这样的小说，更深知改编成电影的艰难。

很多人以为，张艺谋的招牌大，电检制度会对他网开一面。不然，反而管理尺度更严，因为担心造成更大的影响。多少人以为张艺谋八面玲珑，其实，但求不四面楚歌。

根据《陆犯焉识》改编的电影《归来》完成之前，我们的确遭受过挫折；而我本人，也受到甚至是来自朋友的质疑——他们说我相当于“卧底”，拿这么个题材给张艺谋，不管是故意还是无心，效果必成对张艺谋的“陷害”。

多次听到这样的论断，我忧心忡忡。我曾在剧本进行期与张艺谋探讨：离开新画面之后，我们首先操作这个可能上映都很困难的题材是否妥当？这样的冒险是否值得？“文革”题材，远非年轻观众关注的热点，甚至会遭到他们天然的抵触和排斥。电审制度和市场规律两者同时压迫，我们能否从窄缝中逃生？

张艺谋说他们这代人，对“文革”还有记忆和了解，如果沉于遗忘，或者导致多少年后解禁后的“戏说”，是非常可怕的。如果电影行业只是娱乐至上，那么，历史只能成为最后的哑言者。张艺谋认为遗忘，不仅是冯婉瑜的个人病症，它也是整个民族处理历史的方式。它是面对难以承受之痛的回避。遗憾的是，这种回避带来的是新的灾难。这种自我欺骗，同时又包含着某种隐忍与麻木中对生活的努力适应，因而是复杂和令人心酸的。

张艺谋认为自己有责任也愿意承担风险，即使阻碍重重，他决心孤注一掷。文革，在中国的文化语境里显得“过时”，那么多人坦然地陈述这样的观点——听起来多么自然，又多么震惊。我们义愤填膺地谴责日本否认南京大屠杀，轮到处理自己的历史，我们又如何做到公正面对？我们看得见别人的背部，却看不到自己的脸。张艺谋反问：“如果说‘文革’题材过时了，那么是不是说‘二战’题材也过时了？是不是奥斯维辛可以不必作为纪念馆而存在？”他说：“不用关心票房，不用整天声讨审查制度，只问在现有条件下，我们能够尽自己的最大努力做到什么！”与其作为旁观者指指点点，不如用自己的血肉之躯去碰撞边界。

我看到，坐而论道的评论者说《归来》“消费‘文革’”。坦率地说，整个创作团队谁也没有那个胆量去“消费‘文革’”——当时都不知道电影能否在院线上映，性命攸关的生死问题尚且悬而未决，谁有闲情逸致玩什么消遣？

既然直接出现的画面非常可能被剪掉，张艺谋最早提出的理念：不要闪回，不要画外音，我们就用现状来呈现人物前史和历史背景。陈述受限，我们就用折射、用象征、用隐喻，虽然这些手法具有实现的难度，因为它们需要观众运用理解力和想象力而达至互动中的灵犀。即使有些禁区，我们被迫欲言又止，也要顽强地指示路标，尽量使隐约和含蓄不是弱力的表现，而能够让观众产生思考的况味。像暗号一样。我想起娱乐节目中猜词游戏，有些字被禁止，但我们想方设法依然通过肢体和曲折表意，让对方理解我们的初衷。如果不遵照这个游戏规则，我们根本不被允许上台表意。当然猜不出答案的人，觉得我们不够直接，词不达意，语焉不详，而且，看起来动作可笑和笨拙——他们由此判断，表演者的智商不够，或者根本就是聋哑者。他们不知道，我们一旦破戒，结果可能是出局。

《归来》是三个人的近景戏，但它同样折射整个时代的悲剧，所以中景位置上，我们安排了余大卫和方师傅，使故事具有某种景深。有的故事，拍的是“一朝被蛇咬”，当“蛇”成为禁区，不允许暴露它的毒牙和鳞片的时候，我们拍一个“十年怕井绳”的故事——既希望观众得知被蛇咬的可怕后果，并非蛇不咬了，身体和心理的恐惧就得以结束；又希望能提供治愈的希望，探讨如何克服往昔的不幸面临未来。

有些情节是张艺谋想出来的，他并未参与署名，他长久以来就是这样的习惯。邹静之为整个电影提供了至关重要的结构骨架、故事轮廓和逻辑情节，可血肉的完成，有时也需要依靠团队的集体智慧。张艺谋、陈道明、巩俐，甚至大言不惭地表功——也包括我自己，都参与了剧情设计。当然，邹静之对其中的许多创意并不认同，他认为对剧本并无提升作用，有时甚至构成干扰。电影作为一种综合的艺术形式，许多时候，编剧只能做出个人的妥协。

尾声：陆焉识自己接自己、冯婉媮永无结果的等待……铁门拉上，形同监狱。在这一场景中，张艺谋采用的，就是监狱关上铁门的声音。为了保住这个“值钱的结尾”不被审查时删除，张艺谋在前面安排了数次开关铁门的镜头作为掩护。结果是幸运的，电影上映时体现了我们的创作初衷。

《归来》上映后，有一种意见，说张艺谋狡猾，避实击虚，如果不能血淋淋地触及‘文革’，那还不如不拍。这些话，听来让人无法辩解。我有时会联想一个场景：笼子里是沉默的大多数，习惯在管教下生活。这时，一个人首先站出来表态：“我觉得，限制自由是不对的。”但他得到了什么后果呢？那些关在笼子里未被提审的人们说：“他真胆小，只敢发出这么一点儿声音，他应该扑上去，掐住狱警的脖子，跟他们搏斗。”笼子里的人们纷纷点头称是，然后一起发出鄙夷的笑声，发出痛斥与责骂——因为，他们的沉默是非常安全的。那么请问，谁才是那个勇敢者？

《归来》即使没有达到所谓的理想境界，为此的努力乃至遭受的挫折，我们无悔。我记得自己有一天点击网上的相关评论，突然，热泪盈眶……因为，那句同道的话如此击痛穴位，让我心怀被理解的感恩，他说：“这个题材，能够碰触就是勇气，能够上映就是生存智慧。”

六

张艺谋操作层面的务实，常常会被认定为对现实的妥协与处世的圆滑。其实，一棵种粒，若在苛刻的土壤条件下获得生存机会，它必是怀有内在的勇气，去经历冒死的危险。不过，劳动者的劳动，总是不如高谈阔论者的高谈阔论，后者仅仅占据位置似乎就令人足够仰视了。现实主义者的写实精神，总会遭到理想主义者为捍卫完美而滋生的无情诟病。

相比之下，张艺谋并不抱有盲目的热情，他朴实而不拿捏姿态。谈起中国电影在整个国际影坛的位置，张艺谋说：“也就相当于一碟花生米之类，主菜可以更换，而花生米属于调味小菜，搁在那儿而已。中国电影人还得兢兢业业去保证这碟花生米的质量，否则，菜谱上就换成日本海带或者韩国泡菜……现在，难道不已经是这种局面了吗？”他认为：“文化传播，不是关起门来吟诵起五千年文明，然后自己热泪盈眶，而是从微小的可能性开始，在国际上进行务实而有效的互动交流。”这种态度，让我想起一个明末清初朱彝尊的妙联：“不设樊篱，恐风月被他拘束；大开户牖，放江山入我襟怀。”

很多人乐于谈起张艺谋文化上的局限，拿他跟颇具人文情怀的李安比较，认为两者云泥之别，张艺谋相当于“泥”；并且鄙夷张艺谋以自证高洁，说在烂泥塘一样的娱乐圈，金鱼难以生存，只有像张艺谋这样泥鳅般的投机分子才如鱼得水。

的确，张艺谋没有李安那样的双语环境，没有成长期漫长的学习积累——那个阶段，他正像他的同龄人一样，或在乡村或在工厂，多靠出卖体力换取温饱。张艺谋说自己从来不是最有才华的导演，但他是最勤奋刻苦的——只要跟他工作过一段时间，就确信，此非妄言。他努力学习新知，尝试不断更新，几乎一直以残酷剥削自己的方式在工作。

我尤为佩服的一点，张艺谋并未改变他的质朴——尽管他因此为讥讽为“农民”。我从未真正成为聚光灯下的人物，偶尔露个小脸的场合，无论是录制一段短视频，还是与喜欢写作的中学生进行座谈，麦克风就像异形手榴弹一样改变了我的心态，我深感自己难以克服装腔作势的做作。面对采访身经百战的张艺谋，不装。他说：“无论多少表面风光，你回到家，躺在枕头上，要明白自己不是被媒体描画的那个人。你是真实的自己，有优点，也有毛病和局限。面对采访，不可能百分百地呈现真实的形象，可能不得不说些漂亮话，但你不能吹着吹着，自己就信了，就真以为自己是了不得的谁谁谁。”所以，有人稍有成功，马上抖擞起来——他的霸气，就像质量不过关的卫生巾那样侧漏，那样兜不住自己的红。可是，张艺谋不行。张艺谋的质朴，甚至到了让人尴尬的荒谬程度。有一次我们聊起红毯经验，他半认真、半玩笑地总结说：“最重要的经验，是千万不要在红毯上放屁。万一闹肚子，你以为仅仅是个屁，结果可能出现不堪收场的惨状。”

张艺谋保持着难得的真，这在娱乐圈里常常是难以维护的品性。

好多年前，张艺谋曾经问我，创作中最看重什么元素，或者说，我最容易被什么所打动、所吸引。我迟疑几秒，然后说：“想象力。”反问他的答案，张艺谋毫不犹豫：“情感。”我当时并不以为怎样，甚至略感平庸，并且恶作剧地提出：“哦，情感？原来跟食物似的，你是缺什么补什么”。然而，不过两年，我逐渐认识到其中的力量。张艺谋认为情感并非处于比理智更低的层面。人类情感的纯粹与丰富，是艺术中最为动人的内容，它既是最基础的，也是最重要的。

我联想起自己所在的中国文坛。许多作家讲起来头头是道，写起来一塌糊涂。几十年前的我们，囿守一块立锥之地，见识有限，挺多出差去个鲁国楚国，现在视野得到极大扩展，我们可以轻易飞越大洋或赤道，感受彼岸迥异的人生。并且，我们拥有远远丰富于过去的书籍，从直接经验到间接经验，疆域日益辽阔，写作者为什么反而变得越来越狭窄无趣？我觉得，很大程度上，就是因为丧失了感情。如果没有情感，什么样的种粒也不能在上面生长，包括想象力。情感看起来是那么不值得一说，到最后，你会发现，它才是让万物生长的土壤、水和空气。要尊重情感，使它不受污染，包括不加糖、不加防腐剂，力求保持它的简单、干净和纯粹，我们才能种植出健康的作物。

很多事情知易行难，可惜张艺谋的作品并未全面贯彻和实现他的理念，就如我的朋友穆涛所言：“跳高时，光把鞋扔过去了，结果不应记入比赛成绩。”

七

张艺谋存在诸多优点，不过所有的成功都有代价，他所遭受的挫折匹配于所获得的声名，没有什么可申冤叫屈的。就是你再刻苦，再敬业，再备受折磨，许多人也没闲着，也在每天 24 小时承受生活的艰难，你张艺谋何德何能，凭什么就你鲤鱼跳龙门？公众的心理，不能仅用羡慕嫉妒恨来解释，张艺谋有其特殊的弱点、弊端和缺陷。

最早看到自己被媒体和舆论妖魔化的时候，张艺谋曾经非常痛苦，甚至失眠；后来虱多不痒、债多不愁，而且发现越辩解越招致抹黑，他干脆放弃挣扎，任由唾弃。当然，张艺谋被妖魔化的过程有着他自己不可推卸的责任，在某些方面，他确实有着非人的“妖魔气质”。反过来，张艺谋认识的人很多，但并不亲密，过路者很难祛除他的光环以及积累的成见，平等地观察他的个人；随着他的孤独，他的高处不胜寒，能够了解张艺谋的人日益稀少；近水楼台者先得利，如果站到近距离的人诋毁他，怨不得谁，还是他性格所导致的被动。

每个人都需要为自己的行为负责，所收获的，都是自己所种植的结果。这里面没有什么不公，局部的委屈从更高的经纬上看也许就是更大的公正。张艺谋亦如此，好运和灾难间或降临，也是性格带来的必然命运，不必怨天尤人。

曾经，在翻译文学来源有限的成长年代时，我曾迷惑于米兰·昆德拉的文字，在没有任何资料可供查阅的情况下，我纯靠着不负责任的激情完成了《生活在别处》中诗人雅罗米尔的形象分析，以此作为大学毕业论文的题目。现在我已经不为米兰·昆德拉所动，他的命运和杜拉斯一样，都不再令我倾心，可我依然包括着对他们的特殊关注，就像依然关心着年少时的暗恋对象。那天，看到米兰·昆德拉小说里的一句话，我再次想起了张艺谋那张脸，那个仿佛经过刀劈斧砍的形象——昆德拉在《认》中这样写道：“永远不要认为我们可以逃避，我们的每一步都决定着最后的结局，我们的脚正在走向我们自己选定的终点。”

超常的优点和惊人的弱点，极端地汇聚在张艺谋这一个体上——我不知道这是艺术家必须在矛盾中保持的性格张力，还是导致他受挫的冲突之源。我不认为他是业余伟人、道德楷模，也不认为他的境界上多么高山仰止，但他身上，有许多令我佩服的品格。同时，张艺谋不乏味、不拘谨，必须承认，他是会犯错的人。

朱苏进谈到，由于中国娱乐圈的机制不完备，它不是一个运营完善的系统，而成为带有江湖和舞台性质的场所。很多烂戏之所以出台，背后不是戏的戏，或者说造成这一出烂戏的幕后，恰成一台元素丰富的好戏。成熟的文化行业，不会频繁衍生这么光怪陆离的现象。有个女友多次向我咨询，是否这个行当里有许多绿茶婊？我不知道怎么回答，只好贫嘴道：“你这样的高龄，还当不成绿茶婊呢，顶多是个普洱茶婊。”娱乐圈纷乱，审查制度严苛，都是事实。然而，在并不理想的文化环境中，张艺谋毕竟是在探讨中国文化传播里，一个绝对不能被忽略的名字。张艺谋是获得国际电影节荣誉最多的中国导演，也是对开拓中国电影市场起到重要作用的导演；美国有史以来最卖座外国电影排行榜单上，他的《英雄》位居第三位；由他慧眼识珠，发现的巩俐和章子怡这两位女演员，依然是中国最为耀眼的影星；张艺谋任奥运会总导演的开闭幕式演出，给全世界带来令人震撼视觉体验；《长城》即将开拍，他是迄今为止获得国外最大投资数额支持的导演，尽管电影的品质和票房吉凶未卜，但至少，其他同道并未赢得这种先期的信任。

每当影坛上的国际友人来访，经常提到的名字总是张艺谋，真让人又高兴又生气。HOW OLD ARE YOU——为什么老是你？此处的直译最为恰切。是啊，你都多大岁数了，为什么老是你！网上喷子以此诟病，说张艺谋就知道拉大旗做虎皮。可，又难以否认，斯皮尔伯格、高仓健等等对张艺谋似乎相处甚欢，有着远远超出工作需要的情谊……甚至，他们就是喜欢张艺谋这个人。这些巨擘算是阅人无数，为什么他们这么糊涂，看不出张艺谋是只虚伪的老狐狸？我想，也不能归结为他们单纯得好傻，也不能说人家多年相识的不辨真伪，就咱们这些压根没见过张艺谋面儿的未曾出世的隐身高手最是洞若观火、睿智识人。南斯拉夫作家丹尼洛·契斯的片断依然让我心动："我父亲曾经告诉我，说不同语言的两个人只要带着善意、智力正常，就能明白彼此的意思。你只需要慢慢地、清楚地说话……"是不是，语言不通，反倒较少受到主观意识的干扰，更容易进入内心的交流？

我没有长期在国外生活的经验，不了解国际友人们的思维方式，没有资格妄言。能说的是与国内编剧的合作。导演折磨编剧，尤其张艺谋这种恨不得榨干所有人创造力的工作狂，最易与编剧结仇。过程中肯定有过剑拔弩张、你死我活的对立阶段，哪个编剧不是恨他恨出个拳头大的洞？但合作之后，问问他们对张艺谋的态度——刘恒依然说“敬佩”，邹静之依然说“人好”，严歌苓依然说他“诚恳”，肖克凡依然说他“厚道”。看一个人和什么样的人交往，大概能判断他是什么的人。虽然，他们与张艺谋多是出于工作上的交往，并非意趣，可能说服力相对薄弱，但可以提供隐约的侧证。一些曾极力反对我与张艺谋合作的朋友，接触之后，或多或少改变初衷，哪怕依旧“哀其不争”，也承认张艺谋存在某些他们没想到的可取之处。张艺谋的合作者中鲜有深恶其人的，只是对其发疯般的工作办法深感畏惧——摇头的有，受惊吓的有，赌咒发誓再无下回合作可能的有。但他在影视圈里里的勤奋、朴实、宽厚、执着、忍耐和低调，几成公论。如果张艺谋的灵魂千疮百孔，不可能所有人都眼拙看不出如此次品。

可为什么，谩骂张艺谋，某种意义上成了具备文化素质和情操追求的精英象征？网络上，提及此人更是乱箭齐发，有人甚至恨不得置其死地而后快，张艺谋的形象有如耐痛刺猬，似乎多扎一针也没什么。在安全范围内进行高分贝的口号宣泄——可能不是嫉恶如仇，而是随波逐流。

对张艺谋似乎人神共愤的批斗里，是否大无畏里潜藏着粗暴的不公？他是不是十恶不赦？毕竟，张艺谋也赢得过许多荣誉，我们为何如此容易忘记别人的好意和光荣？比如刘翔，当年为我们带来某种民族虚荣心的满足，怎么转眼之间，他似乎成了某种笑柄，甚至比那些表现平庸者还遭遇不堪——我们的打击更无情，更冷酷。该如何对待一个失意或失败的英雄？是不是无情和冷酷，才是我们特别安全和正确的态度？才能掩护我们难以言明的委屈和失落？除了秉持公正的知识社会良心外，我们的群起攻之里，是不是也暴露了人性的暗斑？

八

“你说中国不好。你是外国人么？为什么不到外国去？可惜外国人看你不起……”

“你说甲生疮。甲是中国人，你就是说中国人生疮了。既然中国人生疮，则竟无自知之明，你的话还有什么价值？倘若你没有生疮，是说诳也。卖国贼是说诳的，所以你是卖国贼。我骂卖国贼，所以我是爱国者。爱国者的话是最有价值的，所以我的话是不错的。我的话既然不错，你就是卖国贼无疑！”

——这是鲁迅先生的《论辩的魂灵》。

而以下的文字，引自鲁迅先生的《随感录》，写作年代距今已近于一个世纪，但现在听起来同样发聋振聩，令人触动和震撼。

“中国人向来有点自大——只可惜没有‘个人的自大’，都是‘合群的爱国的自大’。这便是文化竞争失败之后，不能再见振拔改过的原因。

‘个人的自大’就是独异，是对庸众宣战。除精神病学上的夸大狂外，这种自大的人，大抵有几分天才——照诺尔道等说，也可说就是几分狂气，他们必定自己觉得思想见识高出庸众之这上，又为庸人所不懂，所以愤世嫉俗，渐渐变成厌世家，或者‘国民之敌’。但一切新思想，多从他们出来，政治上宗教上道德上的改革，也从他们发端。所以多有这个‘个人的自大’的国民，真是多福气！多幸运！

‘合群的自大’，‘爱国的自大’，是党同伐异，是对少数的天才宣战；至于对别国文明宣战，却尚在其次。他们自己毫无特别才能，可以夸示于人，所以把这国拿来做个影子；他们把国里的习惯制度抬得很高，赞美的了不得；他们的国粹，既然这样有荣光，他们自然也有荣光了！倘若遇见攻击，他们也不必自去就战，因为这种蹲在影子里张目摇舌的人，数目极多，只须用乌合之众的长技，一阵乱噪，便可制胜。

胜了，我是一群中的人，自然也胜了；若败了时，一群中有许多人，未必是我受亏；大凡聚众滋事时，多具这种心理，也就是他们的心理。他们举动，看似猛烈，其实却很卑怯。至于所生结果，则复古，尊王，扶清灭洋等等，已领教得多了。

所以多有这‘合群的爱国的自大’的国民，真是可哀，真是不幸！”

九

尊重的前提，是平等，绝非敬畏。我们往往把敬畏分成“敬”和“畏”两个剥离的部分：敬，是把人当神看；畏，是把人当鬼看，走的是妖魔化道路。我们对待张艺谋无外这两种态度，他就被塑造成或神或鬼的模样。

我看到的，是一个非神非鬼的张艺谋：他的非凡与局限，他的谨慎与糊涂，他的清醒与混乱，他的被动、隐忍、懦弱、畏怯以及积聚其中的爆发力，他看起来的游刃有余与举步维艰……张艺谋既非三头六臂的超级英雄，也非十恶不赦的卑鄙小人。人物也好，事物也好，我们只有建立在了解基础上，才能建立负责有效的评判。

对张艺谋的口诛笔伐里，貌似口径一致，其实貌合神离。学术上的严肃探讨不管多么苛刻，措辞不管多么严厉，都能够带来启迪，令人接受和反思。只要是有价值的批评意见，我们不必孜孜计较于分贝的高低、力量的轻重。那些玩笑和戏谑也好，带有邪恶感的智慧讥讽，妙趣横生，读来也忍俊不禁。有些辱骂，如此无聊，纯粹是生活受挫者在抒发怨气。这种情绪上恣肆的释放，大约就像淤塞多日后放个尽情的屁，我们应该原谅令他们微颤的那种粗俗的快感——毕竟，这是他们人生不多的享受。让我不寒而栗的，是隐形者在网络评论里集体攻击所释放出的，那种肆虐而残酷的恶意，那种百无禁忌的侮辱，那种赶尽杀绝的号召，以及，施暴者自以为正义的表情。

也许，有人的处境并不容易，生活中或大或小的压力让人须臾不得喘息，密布的刺结磨蚀着他们的尊严……无时无刻不在承受，却无处宣泄。芥川龙之介说：“舆论通常是私刑，而私刑通常是一种娱乐。”也许他们在对得意者往死里整的鄙视和辱骂里，找到了高尚的存在感和隐形的权力感。他们特别愿意贬低、歧视乃至彻底摧毁他者，以彰显个人之能量，尤其讽刺和打击那些现实中他们永远难以比肩者，仿佛，那成为一种标榜自身高大的捷径。

牛顿说过：“我之所以站得高，因为我站在巨人的肩膀上。”可惜此话并非可以放之四海的真理——有人站在巨人的肩膀上，依然是小人的个儿。有人太好斗了。有的蛐蛐被扫帚苗儿逗弄才开牙，有的蛐蛐是巡罐，没敌人也豁牙振翅、斗志昂扬的——蛐蛐不过是蛐蛐，只是把自己设想为铁将军了。以他们的共识，张艺谋，不过是一个安全的牺牲品。骂张艺谋已像简单表达爱国主义那么政治正确，似乎汇聚成一股成无需思辨的潮流，伴随着暴力手段般的狂怒。

刘瑜在《观念的水位》里有一段话深入我心，虽然，她未必同意我在此种语境下的引用，但的确令人深思："愤怒之所以令人上瘾，大约是因为愤怒是通向正义感的捷径。人是需要自我认同的，换个现在流行的说法，人是需要'存在感'的，而正义的自我认识是这种'存在感'的要素之一。"

我涉世不深，四十多年看到的面孔，足够明白，太多标榜淡泊名利者，虽不至于"满口仁义道德，一肚子男盗女娼"，但多有急功近利之徒；自诩清心寡欲的，暗地纵情声色；那些口口声声的理想主义战士，不过是现实中卑躬屈膝的犬儒之辈。他人的舞台，我们的靶场——假设自己失意，我们就不辨是非地指责不公，这并不能使我们自身强大，只能使我们变成貌似追求公正的怨妇。英雄的面具，叛徒的嘴脸，我们近于在人格分裂中确认自己的层次丰富。

扪心自问，那些慷慨陈词的"铁肩道义者"，真让他们像张艺谋一样，从 2000 年动意之初直到 2008 年 8 月 8 日，参与奥运会数年之久，夜以继日、殚精竭虑地工作，一共拿到 50 万的薪酬，他们愿不愿意？而且事后不抱怨，即使被诬为国家蛀虫，张艺谋也不申辩、不叫屈，他们能不能够做到？那些动辄指责张艺谋是拥有特权者，能不能像他一样，困境中独自承受，甚至没有利用关系讨回自己应有的权益和公道？户口，现在已不具备值钱的含金量，但曾经是重要的资本——有谁能像张艺谋那样，到今天，依然持有广西户籍，生活在京城 40 年依然是个不折不扣的老北漂？

十

张艺谋并无蓄谋害人的劣迹，谨小慎微，不愿意得罪哪怕一个过客。除了艺术见解上的分歧，就其行事风格而言，他的形象为何被媒体和舆论毁誉两极？我以为，有些他个人原因上的特殊性。

许多人因为讨厌张艺谋，就听不得任何一句关于他的好话，听了也不信，打死也不信。说张艺谋有厚道之处，“呸！什么厚道，那是厚黑之道的简写！”我们只能看到自己心里已经确认为事实的东西，只要他有一颗黑痣就宣布他是乌鸦——哪怕判断只是来自蛛丝马迹，来自无来由的情绪，即使有诸多证据佐证着我们出现了错误，也会被顽强排除在盲区里。我们在看待他人缺点的时候，放大、夸张，然后蓄意扭曲他的整个形象，然后痛恨，然后批斗……以此确认自己站在正义的广场，并从侧面完成对自身道德的肯定与嘉奖。我们不信张艺谋身上有任何美好的存在，不信，就是不信，只信他遍布的丑恶。

加缪在《局外人》里的话，刻画出人性与处境：“我们很少信任比我们好的人，宁肯避免与他们来往。相反，我们常对与我们相似、和我们有着共同弱点的人吐露心迹。我们并不希望改掉弱点，也不希望变得更好，只是希望在我们的道路上受到怜悯与鼓励。”

我最喜欢的作家是俄罗斯的曼德里施塔姆。他一生命运悲怆，这个居无定所的人最终死于流放地。据说曼德里施塔姆最大的弱点，是缺乏生活能力……他越是如此，越是令我们心碎的天才。我从事编辑行业二十余年，目睹若干这种类型的创作者：在艺术里纵横，在性格发育上并不平衡，甚至不如凡人那么四平八稳，容易相处。优点多多，缺点重重，张艺谋有他的过人之处，也有他的诸多不尽如人意，我们的社会环境里，能否容忍这样有好有坏、并非事事完备的人才？

有人特别喜欢《归来》，认为张艺谋重归高度；有人特别不喜欢《归来》，认为张艺谋技止此耳。如果从我的观察角度，任何一部电影的成功，都不能保证张艺谋从此鹰击长空，在高海拔上翱翔；同样，任何一部电影的失败，也不能保证张艺谋从此泥牛入海，沉沦到马里亚纳海沟的深渊里。张艺谋的作品就像他的性格一样，有过人之处，也有重大缺陷。从既往经历和各种综合指数上看，张艺谋忽高忽低、忽左忽右、忽上忽下、忽东忽西，不能预测下次掷出的骰子点儿大点儿小，不知道下部作品到底是他的喜马拉雅还是他的滑铁卢……

我们的文化里能否容忍这种创作上的异类：他的发挥不稳定，他所作所为并非绝对的道德楷模，但他的确曾经有过人的精彩呈现，并且在每一天的未来里，依然愿意冒险向凛冽的高寒之处飞越，依然愿意去试探自己的极限？我们可否能有更多的耐心、更多的宽容哪怕更多的严厉，去关注一个艺术创作者的起伏甚至是踉跄的轨迹，而不是像对待悲剧的渡渡鸟那样，因其庞大和笨拙，我们就亲手制造它的绝迹？

是否，廉颇老矣，不如杀来吃肉？

尾　声

一

我曾下定决心写作不涉及张艺谋，如今出尔反尔，对于自己的内心来说，我已成为轻诺寡信者——可见，我绝非意志坚决之辈。

2014年1月7日，我去取《归来》的组服，看到张艺谋正为影迷在《张艺谋的作业》上签字。2006年，我初见他的时候，感觉他远比镜头里年轻，还有小伙子的劲儿；七八年过去，他比过去老了，是比生理年龄和自然规律更为迅速的那种老——也许这是长期心理压力之下导致的疲惫。我动了恻隐之心和瞬间的邪念，玩笑道："要是遇到资金紧缺，我干脆出卖你，赚点情报钱得了。"

当晚回家路上，我浮想联翩，幻觉高额版税正汹涌地堆积在账户上。我立即致电方希。方希冷冷打击了我的兴致，从书籍内容讽刺到我写作的小众文风。方希说，只有两种情况大卖，一是张艺谋赢得了隆重的荣誉，给咱国人又挣脸了，你可以搭车多卖几本；二就是张艺谋死了，这个谜样令人交织着复杂情绪的人，才能让读者有点了解兴趣。

我情绪沮丧，气焰全无。因为第一种情况，所谓的影坛奖励，相当于中头奖般渺茫，多少心怀壮志者眼高手低，严重者倾家荡产不过换来一个笑柄。第二种情况，是话糙理不糙的实情，我当然希望张艺谋平安、

摄影 _ 白小妍

2006 年，我初见他的时候，感觉他远比镜头里年轻，还有小伙子的劲儿；七八年过去，他比过去老了，是比生理年龄和自然规律更为迅速的那种老——也许这是长期心理压力之下导致的疲惫。

健康，一家老小，还有我们这些等着吃肉喝汤的，都指着他呢。可再往自私处想，张艺谋万一有个三长两短，我出版此书有何意义？想起那条守候在主人墓前的狗，那时，我的形象就成忠犬八公了吧？那个时候，万一什么人跳出来说我撒谎、告我诬陷，谩骂我为哗众取宠编造诸多可笑情节，通篇都是神经病的臆想……到那时，我怎么办？百口莫辩，谁帮我说理啊？那个唯一的证人生前被整成那样都死不吭声，死后就更别指望他开口了。我所谓的真相，谁信？万一人家也编出一大堆情节，说我是臆想症发作，我肯定没辙。谁能作为一个公信的第三方，给出相对真实客观的判断呢？

二

我的散文写作一贯缭乱而堆砌，只供自我享受，与常识常情剥离，不见容于广大人民群众——被他们鄙夷和抛弃是必然的命运。作为一个销量极低的写作者，我以往的作品给出版社带来了困扰和困难。我不擅伪装自己，说我如何坚持清醒的疏离，如何在和寡中坚持天鹅曲调的绝唱，因为情况绝非如此。我根本不具备那种诱人的素质，即使下定决心作为流莺站街，无论怎样搔首弄姿，我也会被当作无家可归的流浪汉收容或嫌弃。为了虚荣心的缘故，明明卖不出去，我是否该假装自己是收藏品？

没当过畅销书作家，没面对过热闹，我不知道自己能否承受此书必然带来的非议、贬损和中伤。人性很难经受考验，我也许会在其中委屈、沉沦、悲愤之等等。我当然怕舆论，众口铄金，那些加入标题党的媒体记者，会把脱离上下语境、自以为是提炼精髓甚至胡编乱造的句子硬塞进你被撬开的嘴里，一锤定音地宣告这就是你的遗言。面对种种失控局面，我难以预料自己的情绪，到底是汹涌澎湃还是麻木不仁。

我曾写过一篇散文《黑童话》，戏谑式地解构童话，是文字上的游戏、智力上的锻炼。我没有真正意义的博客和微信，没有使用过 QQ 和 MSN，只是因为一个朋友当某论坛版主需要扩充阵营时，把自己的散文拆成碎小章节发上去，包括这篇《黑童话》。后来，有个网友因《黑童话》愤怒留言，说我污辱和诋毁纯洁的灰姑娘，着实可恨、恶心、人格变态，说我是“脏女人”“克夫”“长相难看、丑态百出”等等。我一点也不难过，倒有出自旁观者的赏析。人家说得对啊，罗马不是一天建成的，我的难看长相也是日积月累默默努力的结果，长久以来在亲朋好友中形成广泛共识，这位朋友借助网络的千里眼看到的确系真相，我有什么可生气的？我任由诅咒挂在网上，偶尔还会解闷，看看这位网友有无更新骂词儿。当然人家忙，顾不上整天揭露我这样的小人物，忙着揭露其他丑恶现象去了，这让我略感怅惘。可惜，让我长成这副丑模样的肇事者和直接责任人不这么想——我妈妈心境沮丧、语气悲痛：“有人这么对待自己的女儿，我很伤心。”我不愿自己的难看导致妈妈的难过，也不愿家人受到陌生人的伤害，所以被迫删帖，依依不舍。

一篇毫不起眼的偏僻散文尚且遭受诅咒，一本关于张艺谋的书？我估计自己清静不了。我决定把父母送到国外短暂旅游，假装“避难”。我的性格脆弱，受不得委屈和冤枉，就通过这个锻炼锻炼吧——尽管深信，我的灵魂绝非勇士。我小试身手，如果扛不住，也别强迫自己，手机一关，天地逍遥。听天，然后由命——我知道这种宿命并非达观而是懒惰。

三

出版此书，也许有人说我狐假虎威，有人说我一丘之貉，无妨。世间充满互相的捣毁，我们其实活在外人的唾液溅不到的地方。世界之大，不必在蛐蛐罐里一决高下。但我扪心自问，写这本书，究竟意义何在？张艺谋还会接着挨骂，说不定更加倒霉；我自己呢，不过成为一个新增的被骂者，一个被唾弃的利益集团里的小喽啰。劳民伤财，损人不利己，你想剥下自己的皮当褥子取暖？哼，活该，死到临头才明白自己是蠢货。

我看见，我说出。我知道人们有时强调浩荡的真理，不过是被狭隘巩固了的偏见。我只陈述我之所见，未必是可窥全豹的一斑；唯一能保证的，是斑点确实属于这只豹子，不是人为拼贴和装饰的描画之物。

我在谴责那些“似乎是真相、其实凭空捏造的新闻”的同时，是否也正在呈现我的个人偏见？我不知道什么是终极的真相。还是那句话，我们能看到的，只是自己愿意看到的真相——泰山于前，我们所见也不过一片虫蚀斑驳的树叶。真实，未必等于全面。

莱尼·里斯芬塔尔，是位传奇的天才，以芭蕾舞者成名，然后是电影明星、导演、插图画家，直到 94 岁高龄还潜水去拍摄海底世界，直到 101 岁辞世。她所拍摄的《意志的胜利》《奥林匹亚》仅仅从电影的艺术表现上看，今天依然是令人震撼的杰作——然而，这两部赢得无数奖项的片子，从此使她一生无法摆脱与法西斯牵扯的政治污点。中国作家里更是不乏这样的覆辙、这样的前车之鉴。写作者缺乏足够的理性，只凭一腔热望和悍勇，被某人感召，被某事打动，然后倾情投入，不遗余力，为虎作伥。不智常常难以避免，因为魔怪比凡人更有征服的魅力。

有人批评我："你为张艺谋这么冒风险，值吗？"不用说，肯定不值；何况我与他的关系并非知己，更犯不上。我只是为了坚守写作的初心，想尽量做到"修辞立其诚"——为了张艺谋就违反这个信条，更不值。

当然，为某人树碑立传，多少有应景之嫌，何况笔下人物是备受争议的张艺谋。这位朋友警告："张艺谋是个法西斯，你替他说话，找死。"但我想，轻易宣判别人为"法西斯"的做法其实也挺"法西斯"的。我从来不认为张艺谋能够使用"伟大"之类的词汇，我和他的价值观和做事风格至今存在频繁而巨大的分歧，然而，我不能因为忠于头脑中的概念就无视具体个人的存在，因为那正是"法西斯"源头的涓滴之水。

多听多看，才能避免偏激。

四

我曾有过年少无端的莽撞。笃信朋友的单方叙述，结果证实是偏听偏信；我为此付出代价，自以为仗义执言，结果我诚心帮助的人转过头来就陷我于不义——数次如此，我从未获得抱打不平带来的正义感满足。我并不愤怒，只是对自己的行为感到啼笑皆非。为谁立德立言？我难以保证今天的作为会不会成为明天的悔意。张艺谋与张伟平合作多少载，最后如梦方醒；有没有这种可能——我根本不了解张艺谋，多少年后我会突然发觉自己错了，所作所为都是在替"坏人"鸣冤，我也因平庸和无知而沦为恶的帮凶？有没有可能，我咎由自取，如今的幼稚与莽撞令未来的我痛悔不已？当然可能，谁也别冒充时间的裁判。也许明天的一个暗暗移动的支点，所谓事实就被撬动杠杆，完成倾覆。

可是，什么才是那个决定性的时刻，我能判断自己的判断相对客观？与张艺谋的合作宣告结束，曲终人散？熬至毒辣的老年，因耳聋而不受干扰，练就一双穿透骨髓的火眼金睛？憎恨，却难以讨债？怀念，却在无法交流的绝望中？我不知道。

我忘记了与许多人初次见面是什么时候，偏偏记得第一次见到邹静之，而牢记的原因甚至不是因为他，而是发生了一个特别情况。

那是在皇冠假日酒店举办的诗歌朗诵会，请来许多专业演员声调夸饰，我不喜欢；邹静之作为热衷歌剧的诗人，朗诵了自己的作品《永远》，令我深受震动，是全场最具表现力的一个。

就在这朗诵过后不足 10 分钟，我邻桌的中年男子，俯在桌上，用胳膊垫着自己的头，良久不动。

同桌人觉得奇怪，摇动他的肩膀——竟然阴阳两隔。那么近切、日常而迅疾的死亡。义无反顾。我瞠目结舌地望着这个人刚才还在喝饮料，转眼仰躺在地下，抢救无效，众目睽睽之下，丧失他的知觉、意识和所有的时间——丧失他的“永远”。

也许，根本不存在那样一个能够盖棺定论的假想时刻。也许，上帝未必让我们从容开口；也没有谁，能够替上帝完成审判。也许神的审判未到，人间的法庭先开。我不知道自己是否会因此书惹上麻烦，从此进入力不从心的漩涡之中。

五

君子报仇，十年不晚；小人报仇，从早到晚。我的经验是，不管自己惹上的是君子还是小人，都不好受。假设转移战火，殃及池鱼，张艺谋的敌对势力变得想整死我，哎呀，我可没有张艺谋的体量和胸襟！谁都不愿意被瞄在准星上，且我无法效仿头戴光环的圣人，我的生活肯定会有疏漏和破绽，所以无论是被打了枪子儿、还是被捏个虱子，我都受不了。

不过，万一我牺牲，这本书就成了我盖棺定论、终生无悔的概括了，我就成了对张艺谋的死忠派了——这肯定是反对党不愿看到的。还是留我当个卧底吧，万一某天我发现自己上了张艺谋的当，于是幡然醒悟、揭竿而起，痛陈张艺谋的丑陋嘴脸呢？所以留下活口，就留下翻盘的可能。

在我做文学策划的八年里，因为接触时间有限，我不了解张伟平。他对张艺谋的系列报复不假，但大家对张伟平的畏惧到底是杯弓蛇影，还是防患未然，我不知道；张伟平的发威，到底是就这脾气，还是敲山震虎，为的是恐吓张艺谋？我更难猜测。

我只记得，张伟平对某编剧说过，要打断他的腿；我也听说，他在影视圈某人士的庆生宴席上，一语不和，当场掀过桌子。因为威胁是针对他者的，且有可能是在戏言氛围里，我一笑之后就忽略了，当作他极具个人情绪色彩的表达方式罢了，并未放在心上……反而隔了这么多年的现在，这些场景重新浮现。

每个人都是自私的，只要不是个人的灾难，都难以产生深入骨髓的痛感，都会漠然处之；直到，变成我们自己需要直面的危险，它才寒光闪烁，令人齿冷。

想起来让人难过，我们到底生活在怎样弱肉强食的世界？张艺谋功成名就，受人瞩目，他竟然都难以自保，难以捍卫家人。无论拥有怎样的声名，怎样的财富，都未必能保障自己简单地不受惊扰地活着。每个人都有委曲求全下的顾惜，都有无能为力中的胆怯，这是人性中天然的部分。具有国际影响力的张艺谋，尚不能摆脱压迫，不能摆脱步步紧跟的追剿，不能享有安全、从容而自由的创作心境……何况，那些处境更不易的人们呢？他们如何维护自己的权益，如何不在食物链的末端被残忍而毫无声息地吃掉？什么在横行，肆无忌惮地，冲击社会生活中基础的防线？谁在霸道，让恐惧点滴渗透我们内心原本的宁静？

出版此书，吉凶未卜。庞丽薇帮我想过一些保护策施。无论是公司为我雇佣保镖，还是流亡国外躲清静，都是权宜之计，难以获得根本保障。我还是把手榴弹放到自己怀里吧，并发出警鸣：请勿靠近，易燃易爆。我所知道的内幕并未全说，劲曝内容留作自保——里面可是无限制级别的哦！我将复制三份，分别放在家人、朋友和公司里。假设我没有遭遇生活中的监视和威胁，没有遭遇网络上的谣言与诬陷，总之是没有遭遇某些蓄意的伤害或陷害，那么，它们沉寂，永远不会公之于众；否则，它们将在回击中引爆。

所以，大家好，才是真正的好。就像我祝别人幸福一样，也希望别人能够祝福我……愿星垂平野阔，月涌大江流。

六

如同争论不过张艺谋，我发了邪恶短信就关机；为了避免在情绪的急剧发酵期，触怒我打不过的对方辩友，我同样准备远游。

那天我告诉张艺谋，出书后要请假消失一段时间，他老人家直接的反应是："你能不能让出版社找两个保镖啊？"如果不了解张艺谋，我会伤心，会情绪起伏："你就不能先想想自己能帮我提供什么保障吗？虽然我揭了你不愿示人的伤疤，也磕坏了你名人光环上的金漆，但我也说明了一些即将被尘封的往事，功过相抵，你让出版社想办法，这不等于把我扔出去了吗？"但，因为八年的了解，我暗笑。张艺谋曾苦恼于自己不知道什么时候就把人得罪了，此为一证。他是那种人，你想从他那里掏一句暖和话？甭想！别幻想什么"春风化雨"，他才不会——要化，也是冻雨，噼里啪啦，打落春天正要开放的花骨朵。他的冷言冷话，把人推到冰窟窿里，而且他的视线里无着痕迹，掉下去的受害者？根本不知道是谁。

可张艺谋并非如他呈现的那么冷漠，若是出了什么事，哪怕与他没有任何协议，我要赖上算工伤，他也会接受下来。这就是张艺谋吃亏的地方：可以做，不会说；还不如不说，一说，就把做的毁了。他不是抛砖引玉的类型，一块一块地，他用抛出来的砖把引出来的玉全砸碎了。

他还是那样，教训深刻，而性格不改。我诚实告诉张艺谋，我认为他的未来难以消停，不定哪里还要出纰漏。张艺谋迷惑不已："还栽跟头？不会这么惨了吧？"之所以这么说，因为我看到他极端的悲剧性格。张艺谋所遇种种，不是幸运与否的事，而是命运里的必然。只要性格没有得到调整，他还会一再陷入迷宫和困境。

张艺谋缺乏真正的防御系统，“冷淡”好像就成了他的防御手段——可惜，这样的效果相反，恰恰是危险的。因为对张艺谋无所求、不贪图的君子，懒得或不屑穿越他的这层“冷”去靠近他，人家独善其身去了，不跟你这儿费劲。而对钻营者来说，这点“冷”，简直起不到任何抵挡作用，轻易破壁而来，直取软肋。即使张艺谋是个擅长骑术的人，他可能会被一个不起眼的木橛子绊倒；一次又一次地绊倒，他学不会吸取教训。

怕麻烦的张艺谋麻烦不会少。张艺谋喜欢做事，并且从他身上容易获利，所以好事好利之徒，都不会轻易放过他。他最易惹上麻烦和是非，之所以惹祸上身，因为他根本不知道那就是祸——张艺谋是我见过的自我保护和预警机制最差的人。他这人，信，就往死里信，不信，也往死里不信——即使有人敏感，地震之前拉响警报，他也不信；张艺谋非得自己付出头破血流的惨痛代价，才肯回头。别人是好了伤疤忘了疼，张艺谋是伤疤没好就忘了疼，或者是边疼、边落下新伤疤。他依然拥有孩子式的危险的天真，依然会相信像是信誓的空话，相信像是担当的许诺，相信频露破绽的演技。他依然会受到各种各样的干扰，他依然缺乏足够的沉稳定力，哪怕是艺术家睥睨自雄的气魄。

我曾给张艺谋发短信：“作为导演的你，无论被捆绑在大众神坛上还是货郎的扁担上，并无差别，都是不自由。”那么，我自己呢，又能否跳到岸边径自得道？

我无意替谁洗冤，只是如实陈述眼见之物、耳闻之事。如果有谁站出来，指出我天大的谬误——好啊，欢迎举证，我愿意看到那些事实性、数据性的证据，而不是烟幕弹式的谣传。我愿意面对自己认识的局限，转到月亮背面，看到那些遮掩在黑暗里的事物。那是幸运，我将由此得到成长；而张艺谋的形象，也将得到更丰富、更立体、更真实的呈现。

盲人摸象，并非笑话，因为人人如此。世界辽阔，我们无法了解全部，只能靠着彼此有限的接触去沟通和交流：我摸的是耳朵，你摸到的是尾巴……在相互的争辩与否决之中，我们将渐渐勾勒出无处遁形的真相。

初稿 2014 年 12 月 12 日

定稿 2015 年 1 月 3 日

张艺谋的作业单

摄影作业

1983《一个和八个》

中国电影优秀摄影奖

1984《黄土地》

第五届中国电影金鸡奖最佳摄影奖

法国第七届南特亚非拉三大洲国际电影节最佳摄影奖

美国第五届夏威夷国际电影节最佳摄影奖

1986《大阅兵》

演员作业

1987《老井》男主角

第二届东京国际电影节最佳男演员奖

第八届中国电影金鸡奖最佳男主角奖

第十一届中国电影百花奖最佳男演员奖

1989《古今大战秦俑情》男主角

导演作业

1987《红高粱》

第三十八届西柏林国际电影节最佳故事片金熊奖

第八届中国电影金鸡奖最佳故事片奖

第十一届中国电影百花奖最佳故事片奖

广播电影电视部政府奖

第八届香港电影金像奖十大华语片之一

第五届津巴布韦国际电影节最佳影片奖、最佳导演奖、故事片真实新颖奖、最佳艺术成就奖

第三十五届悉尼国际电影节电影评论奖

摩洛哥第一届马拉卡什国际电影节导演大阿特拉斯金奖

第十六届布鲁塞尔国际电影节比利时法语广播电台青年听众委员会最佳影片奖

法国第五届蒙彼利埃国际电影节银熊猫奖

民主德国电影家协会年度奖提名奖

古巴年度发行电影评奖十部最佳故事片之一

1989《代号美洲豹》（与杨凤良合作）

1990《菊豆》（与杨凤良合作）

法国第四十三届戛纳国际电影节首届路易斯·布努埃尔特别奖

美国第六十三届奥斯卡金像奖最佳外语片提名

西班牙第三十五届巴利亚多里德国际电影节大奖金穗奖、观众评选最佳影片奖

美国芝加哥国际电影节大奖金雨果奖

第九届香港电影金像奖十大华语片之一

1991《大红灯笼高高挂》

第十届香港电影金像奖十大华语片之一

美国第六十四届奥斯卡金像奖最佳外语片提名

意大利第四十八届威尼斯国际电影节银狮奖、国际影评人协会大奖、天主教影评人协会大奖、金格利造型特别奖、艾维拉诺塔莉特别奖

意大利全国奥斯卡奖（大卫奖）最佳外语片大奖

意大利米兰电影协会观众评议年度外语电影第一名大奖

英国电影学院奖最佳外语片奖

1992《秋菊打官司》

意大利第四十九届威尼斯国际电影节最高奖金狮奖

第十五届中国电影百花奖最佳影片奖

首届长春国际电影节最佳影片金杯奖

第十二届中国电影金鸡奖最佳影片奖

广播电影电视部政府奖

第十二届香港电影金像奖十大华语片之一

1994《活着》

法国第四十七届戛纳国际电影节评委会大奖、人道精神奖

全美影评人协会最佳外语片奖

洛杉矶影评人协会最佳外语片奖

美国电影电视金球奖最佳外语片提名

英国电影学院奖最佳外语片奖

第十三届香港电影金像奖十大华语片之一

1995《摇啊摇，摇到外婆桥》

法国第四十八届戛纳国际电影节最佳技术奖

全美影评人协会最佳外语片大奖
美国电影电视金球奖最佳外语片提名
美国纽约《电影杂志》评选年度世界十佳影片第一名、全世界十部最佳影片第一名

1997《有话好好说》

1998《一个都不能少》
意大利第五十六届威尼斯国际电影节最高奖金狮奖
天主教影评人“儿童与电影”最佳影片奖
联合国教科文组织最佳影片大奖
意大利《电影》杂志最佳影片奖
美国国际青年文化中心青年电影协会“青年与梦想”最佳影片奖
伊朗第十届国际青少年电影节最佳影片大奖、儿童教育三等奖
第五届中国电影华表奖优秀故事片奖、最佳导演奖
第十九届中国电影金鸡奖最佳导演奖
第二十二届中国电影百花奖最佳故事片奖
第六届北京大学生电影节最佳故事片奖
第二十三届巴西圣保罗国际电影节观众评选最佳影片奖
欧洲电影评奖最佳外语片提名
美国“青少年艺术家奖 " 电影组织最佳国际电影奖
《日本电影旬报》年度世界十大最佳影片第三名、读者评选年度世界十大最佳影片第二名

1999《我的父亲母亲》
第五十届柏林国际电影节评委会大奖银熊奖、天主教和基督教联合颁发“人道主义精神奖”
意大利电影评论家协会、意大利记者协会“巴克大奖 "
第六届中国电影华表奖最佳影片奖
第二十届中国电影金鸡奖最佳故事片奖、最佳导演奖
第二十三届中国电影百花奖最佳故事片奖
《日本银幕》最佳外语片第一名
《日本电影旬报》年度世界十大最佳影片第四名
《日本首映》世界十大最佳电影第七名
美国圣丹斯电影节世界电影观众评选大奖
第十九届伊朗国际电影节最佳影片大奖

2000《幸福时光》

西班牙巴利亚朵利德国际电影节评委会大奖、观众评选银奖

2002《英雄》

第五十三届柏林国际电影节阿尔弗雷·鲍尔特别创新作品奖
第六十届美国电影电视金球奖最佳外语片提名
第七十五届奥斯卡金像奖最佳外语片提名
德国威斯巴登电影评价中心（FBW）“特别有价值 " 电影
第二十六届中国电影百花奖最佳故事片奖
中国大学生电影节中国电影杰出贡献奖、最佳观赏效果奖
第九届中国电影华表奖最佳合拍片奖、特殊贡献奖
第二十三届中国电影金鸡奖最佳合拍片奖、最佳导演奖
美国西雅图国际电影节最受观众欢迎大奖
美国网络影评奖年度十大影片之一
美联社评年度十大最佳电影之一
美国《时代周刊》2004 年度十佳影片第一名
BBC 评年度十大电影第七位
全美网络影评人协会最佳导演奖提名、最佳外语片提名
多伦多影评人协会最佳外语片
美国凤凰城影评人协会最佳外语片
拉斯维加斯影评人协会最佳外语片
全美影评人协会奖最佳导演奖

2004《十面埋伏》

第十一届中国电影华表奖市场开拓奖、优秀电影技术奖等
美国艺术导演协会杰出贡献奖
全美影评人协会奖最佳导演奖
第六十二届金球奖最佳外语片提名
英国电影学院奖九项提名
第三十届美国洛杉矶影评人协会最佳外语片奖
美国金星奖最佳外语片奖
全美网络影评人协会年度十大影片之一
波士顿影评人协会最佳导演
美联社影评人评奖十大最佳电影之一

美国《时代周刊》年度十佳影片第一名
全美广播影评人协会奖最佳外语片提名
伦敦影评人协会最佳导演提名、最佳影片提名、最佳外语片提名
英国电影学院奖最佳外语片提名
美国美术指导协会年度最佳视觉效果大奖

2005《千里走单骑》
第十二届中国电影华表奖优秀故事片奖
第二十六届香港电影金像奖亚洲最佳电影奖

2006《满城尽带黄金甲》
第二十六届香港电影金像奖最佳电影提名、最佳导演提名
Image 颁奖礼最佳独立或外语片提名

2009《三枪拍案惊奇》
首届华语电影金榜单探花奖

2010《山楂树之恋》
第十四届中国电影华表奖最佳影片奖
第三十届香港电影金像奖最佳亚洲电影提名

2011《金陵十三钗》
首届视界大赏年度电影奖
美国第六十九届金球奖最佳外语片提名
美国丹佛影评人协会 最佳外语片提名
亚洲电影大奖 最佳影片奖、最佳导演奖
第八届娱乐大典年度最具影响力电影作品

2014《归来》
FIRST 青年电影展最佳导演
2014 第六届澳门国际电影节华语电影节最佳影片大奖

影像作业　1997 歌剧《图兰朵》导演
2008 北京奥运会开闭幕式总导演
2014 京剧《天下归心》导演
2014 亚太经合组织第二十二次领导人非正式会议欢迎晚宴活动总导演
2014 申请北京张家口冬奥会宣传片导演

综合评选　1995 加拿大蒙特利尔国际电影节被评全世界十大杰出导演之一
1995 美国克罗拉多国际电影节杰出成就奖
1999 第六届亚洲电影交流会终身成就奖
2000 第十一届美国帕尔马国际电影节杰出电影艺术家奖
2002 德国曼海姆市政府及第五十一届德国曼海姆电影节联合颁发“电影大师”
2005 意大利那坡利国际电影节获颁终身成就奖
2005 美国夏威夷国际电影节获颁终身成就奖
2008 澳大利亚二十一世纪创新国际世界创新人物金袋鼠大奖
2008 美国波士顿大学授予荣誉博士
2008 美国《时代周刊》年度人物提名
2008 第六十一届美国电视艾美奖北京奥运会开幕式最佳特别节目奖
2010 美国耶鲁大学授予艺术学荣誉博士学位
2011 亚太电影杰出成就奖
2012 第十四届印度孟买国际电影节终身成就奖
2012 第四十九届韩国大钟电影节国际电影特别贡献奖
2012 韩国檀国大学荣誉文学博士学位
2012 第十二届摩洛哥马拉喀什国际电影节杰出贡献奖
2012 第三十五届埃及开罗国际电影节终身成就奖
2012 第四届澳门国际电影节华语电影杰出贡献奖
2013 第六届塞尔维亚国际电影节终生成就奖
2014 第六届澳门国际电影节华语电影杰出贡献奖

*以上摘自《张艺谋的作业》（张艺谋　图．述；方希　文，北京大学出版社 2012 年 1 月出版）

图书在版编目（CIP）数据

宿命：孤独张艺谋 / 周晓枫著 . -- 武汉 : 长江文艺出版社，2014.3

ISBN 978-7-5354-7869-6

Ⅰ . ①宿… Ⅱ . ①周… Ⅲ . ①随笔 - 作品集 - 中国 - 当代 Ⅳ . ① I267.1

中国版本图书馆 CIP 数据核字 (2015) 第 016371 号

宿命：孤独张艺谋

周晓枫　著

选题策划 | 金丽红　黎　波　安波舜

责任编辑 | 赵晓婧　　装帧设计 | 郭　璐　　媒体运营 | 银　铃　刘　冲

封面摄影 | 白小妍　　内文制作 | 宋　慧　张景莹　　责任印制 | 张志杰

出版 | 长江出版传媒　长江文艺出版社

电话 | 027-87679310　　传真 | 027-87679300

地址 | 湖北省武汉市雄楚大街 268 号湖北出版文化城 B 座 9-11 楼　　邮编 | 430070

发行 | 北京长江新世纪文化传媒有限公司

电话 | 010-58678881　　传真 | 010-58677346

地址 | 北京市朝阳区曙光西里甲 6 号时间国际大厦 A 座 1905 室　　邮编 | 100028

印刷 | **三河市鑫利来印装有限公司**

开本 | 700 毫米 ×1000 毫米　1/16　　印张 | 18.75

版次 | 2015 年 03 月第 1 版　　印次 | 2015 年 03 月第 1 次印刷

字数 | 180 千字

定价 | 42.00 元